AF559143

Geschrieben von Markus Breitschmid

PARK BOOKS

Nicht-Referenzielle Architektur

Gedacht
von
Valerio Olgiati

Das Buch *Nicht-Referenzielle Architektur* ist über einen längeren Zeitraum entstanden. Die beiden Autoren – der Architekt Valerio Olgiati und der Architekturtheoretiker Markus Breitschmid – kennen sich seit 2005 und haben diverse Gespräche geführt – in der Schweiz, in den USA und in Portugal. Diese Gespräche sind bereits in diverse Bücher und Essays eingeflossen oder wurden in Interviews vertieft. Die Idee zur vorliegenden Publikation geht auf das Jahr 2013 zurück. In zahlreichen ausgedehnten Klausuren in den Schweizer Alpen und in Alentejo ergab sich der Inhalt, geschrieben wurde die Abhandlung letztlich in Virginia.

Inhalt

Vorwort 8

Einführung in die Nicht-Referenzielle Architektur 14

Nicht-Referenzielle Architektur 14

Nach der Postmodernität: nicht-referenzielle Welt 31

Genealogie der architektonischen Ordnungssysteme 41

Die Idee in der Nicht-Referenziellen Architektur 50

Prinzipien der Nicht-Referenziellen Architektur 57

Erstes Prinzip: Raumerfahrung 57

Zweites Prinzip: Ganzheit 71

Drittes Prinzip: Neuheit 83

Viertes Prinzip: Konstruktion 94

Fünftes Prinzip: Widerspruch 103

Sechstes Prinzip: Ordnung 112

Siebtes Prinzip: Sinnstiftung 122

Autorschaft 131

Vorwort

Dieses Buch richtet sich an die „Macher" der Architektur, an praktizierende Architekten, und an all jene, die kreativ teilhaben an unserer gebauten Umgebung, etwa Stadtplaner und Landschaftsarchitekten. Zwei Ziele verfolgt es: Zum einen ist es ein Traktat, das Architekten eine neue Sichtweise auf gesellschaftliche Strömungen der nicht-referenziellen Welt präsentiert, in deren Rahmen sie notwendigerweise operieren müssen. Zum anderen ist es ein Pamphlet, das als Leitlinie und Orientierung dienen soll in Bezug auf nicht-referenzielle Architektur. Anders, direkter gesagt: Dieses Buch ist der erste Schritt einer neuen Herangehensweise an die gegenwärtige nicht-referenzielle Welt, wie sie sich uns Architekten darbietet. Das Buch vermittelt Architekten die Grundlagen dafür, wie nicht-referenzielle Architektur in dieser nicht-referenziellen Welt entworfen werden kann.
Es ist legitim, als Architekt eine Abhandlung zu verfassen, ähnlich wie es Philosophen oder andere, die unsere Welt mitgestalten, manchmal tun. Architekten sind jedoch keine Philosophen, und oftmals mangelt es ihnen an der methodischen Herangehensweise eines Philosophen. Andererseits verfügen Architekten über eine Qualität, die Philosophen häufig vermissen lassen: Sie sind ein wenig wie Spürhunde. Lose, unverbundene Gegebenheiten vermögen sie kreativ und frühzeitig zu einem mitunter nicht vollkommen ausgereiften neuen Geflecht zu verknüpfen, um ein Verständnis für etwas Neues zu entwickeln, das selbst noch nicht ausgereift ist. Der berühmte Geschichtsphilosoph Oswald Spengler bewunderte an Architekten genau

jene Fähigkeit und attestierte Gebäuden, „früh dran zu sein", wenn es darum gehe, ein kulturelles Phänomen zu verkörpern, während die Philosophie in dem Falle „spät komme". Im Interesse des vorliegenden Buches möchten wir als Architekten diese Fähigkeit zum ästhetischen Aufspüren nutzen. Wir wollen unsere Beobachtungen zu nicht-referenzieller Architektur in schriftlicher Form zusammenführen.

Eine Unterscheidung muss vorweg zwingend vorgenommen werden: jene zwischen den vielen Akteuren, welche an der Disziplin Architektur teilhaben. Es ist zu differenzieren zwischen dem kreativen Schöpfer der Architektur, also dem praktizierenden Architekten, einerseits und dem Theoretiker, sprich: dem Kritiker oder Historiker, andererseits. Ersterer baut, Letzterer bewertet. Dieses Buch richtet sich in erster Linie an jene, die bauen. Als solches versteht es sich als Beitrag zum künstlerischen und kreativen Prozess und fasst explizit jene Leserschaft ins Auge – sowohl im Hinblick darauf, wie der Gegenstand diskutiert und präsentiert wird, als auch hinsichtlich der Struktur der Publikation. Folglich haben wir es vermieden, ein Buch zu schreiben, das lehrbuchhaft daherkommt – einschliesslich aller Kriterien, die akademische Texte erfüllen müssen. Wir haben uns bewusst dafür entschieden, weitgehend keine Namen zu nennen. Uns ist klar, dass das ein schwieriges Unterfangen ist. Wenn wir Namen nennen, dann nur, wenn es für die Orientierung des Lesers unabdingbar ist. Darüber hinaus zitieren wir nicht und verwenden keine Fotografien sowie – mit einer Ausnahme – auch keine Illustrationen und Zeichnungen. Das Weglassen von Bildern verhindert, dass unsere Abhandlung zu nicht-referenzieller Architektur als ein Stilhandbuch missverstanden wird. Im Gegensatz dazu begünstigt es das Entstehen einer Vielzahl von formalen Möglichkeiten im Geist des Lesers. Der Leser wird zu einem Denkprozess darüber angeregt, wie nicht-referenzielle Architektur entworfen werden sollte. Zudem haben wir versucht – auch wenn es schwerfiel – unsere Argumentation möglichst allgemein zu halten, weitgehend unter Verzicht auf Beispiele und Gegenbeispiele – auch dies aus den genannten Gründen. Wiederum gibt es Ausnahmen, etwa wenn der Inhalt unserer Aussage ohne Beispiele nicht greifbar gewesen wäre. Ziel ist es jedenfalls, unsere Aussagen nicht durch Heranziehung existierender Beispiele zu unterstreichen, sondern mittels selbstevidenter Argumente (sie als philosophische Thesen zu bezeichnen, wäre zu hochtrabend, aber man könnte von analytisch-theoretischen Ansätzen sprechen). Im Dienste der Lesbarkeit haben wir uns bewusst für diese spezielle Herangehensweise entschieden: Die Abhandlung soll sich dem Leser leicht und eindeutig erschliessen. Dieses Buch macht sich zwar bewusst frei von wissenschaftlichen Standards, gesteht sich jedoch zu, allgemein verbindliche Aussagen zu treffen. Mit diesem Ansatz berufen wir uns auf Friedrich Nietzsche, der eine Vielzahl von Aphorismen anbietet im Sinne einer Abkehr vom akademischen Kanon und darauf hinweist, dass solche Freiheiten im Vergleich zu strengeren Methoden der Gelehrsamkeit nur vermeintlich „ungünstige Bedingungen“ darstellen. Insofern impliziert die Tatsache, dass der vorliegende Text kein akademischer ist, nicht zwangsläufig, dass dieses Buch kein Produkt intellektueller Arbeit ist – nicht das Resultat von

Beobachtungen, Analysen, Synthesen und durchdachten Erwägungen. Aufgrund dieser Befreiung kann – in den Worten Nietzsches – über dieses Buch gesagt werden: „[S]ein Fuß ist beflügelt." Jeder Leser wird schnell bemerken, dass es der vorliegenden Abhandlung – und den darin getroffenen Feststellungen – nicht an ideellen Vorfahren mangelt. Selbstverständlich fühlen sich die Autoren dies Buches – ohne direkt auf sie zu verweisen oder sie bewusst zu verschweigen – all denen verpflichtet, die sie beeinflusst und damit geholfen haben, jene Thesen zu formulieren, die hier vertreten werden.

Eine weitere Unterscheidung muss vorgenommen werden – eine Abgrenzung. Dieses Buch zu nichtreferenzieller Architektur ist kein Versuch, das zu lösen, was man als „grössere gesellschaftliche Probleme" bezeichnen könnte. Es zielt nicht darauf ab, obwohl die grundlegenden Strömungen der gegenwärtigen nicht-referenziellen Welt breitflächig betrachtet werden. Der Fokus ist deshalb so breit gefächert, weil damit gezeigt werden kann, dass nicht-referenzielle Architektur der einzig gangbare Weg ist, heutzutage Architektur zu schaffen. Trotzdem sucht das Buch in keiner Weise irgendwelche grösseren gesellschaftlichen Strömungen zu beeinflussen oder zu idealisieren. Tatsächlich strebt es bewusst nicht danach, vielmehr akzeptiert es die Welt, wie sie ist, und nimmt sie zum Ausgangspunkt. Wir betrachten uns nicht als Weltverbesserer, „blauäugige Idealisten" oder „Gutmenschen" – und halten das auch nicht für eine Hauptaufgabe von Architekten. Dieses Buch will möglichst unideologisch sein und die Architektur in dem Rahmen diskutieren, in dem sie aktuell existiert:

in der nicht-referenziellen Welt – sei dies nun gut oder schlecht.

Eine letzte Einschränkung in Bezug auf dieses Buch ist der Tatsache geschuldet, dass wir eine Abhandlung schreiben wollten, die man an einem Abend – oder vielleicht auch an zweien – lesen kann; und das im Hinblick darauf, dass viele von uns Architekten eher langsame Leser sind. „Ungefähr einhundert Seiten" hielten wir dementsprechend für angemessen. Diese gewünschte Kürze bringt mit sich, dass nicht jedes der Themen, die angesprochen werden, abschliessend behandelt werden kann. Ziel war es, ein prägnantes Buch zu schreiben, das uns einen neuen Rahmen bietet, um Architektur in einer nicht-referenziellen Welt zu erfassen. Die Kürze bedingt, dass die Ideen gleichsam ausgesät werden – die Samen werden in den Köpfen und Händen der Architekten gedeihen.

Da hauptsächlich Architekten die Botschafter einer nicht-referenziellen Architektur sind, sollte in diesem Vorwort auch festgehalten werden, dass die These von einer nicht-referenziellen Architektur auch nach einem zukunftsgerichteten Bild vom Architekten verlangt. Das Bild des Architekten als „Autor" – im Sinne eines Individuums, das Gebäude entwirft und baut – ist nicht etwa antiquiert und veraltet, wie viel zu viele Kritiker und Lehrende dem Nachwuchs in den „heiligen Hallen" der akademischen Welt weismachen wollen. Jener Typus von Architekt, der in unserer nicht-referenziellen Welt erfolgreich agiert und hier gemeint ist, ist zeitgemäss und fortschrittlich insofern, als er Mentor und führender Kopf eines Teams ist. Er ist ein kreativer Geist, ein Denker, der fähig ist, in einer nicht-referenziellen Welt zu bauen.

Von daher ist der vorliegende Text von elementarer Bedeutung für praktizierende Architekten. Das Buch soll sie dabei unterstützen, im Kontext ihrer Disziplin eine fundierte und prinzipienorientierte Position zu finden – von der aus sie als Architekten in einer nicht-referenziellen Welt zu bauen vermögen. Diese Welt hat sich von den Grundsätzen der Moderne und der Postmoderne, die nach wie vor die Institutionen unserer Profession dominieren, maximal weit entfernt. Den einen Leser mag das Buch in seiner Gesamtheit inspirieren. Es ist aber auch möglich, dass der eine oder andere sich lediglich von einem Kapitel oder Gegenstand, der hier behandelt wird, angeregt fühlt – um dann eine neue, nicht-referenzielle Architektur in seiner ganz eigenen Art und Weise zu ersinnen.

Valerio Olgiati
Markus Breitschmid

Einführung in die Nicht-Referenzielle Architektur

Nicht-Referenzielle Architektur

Wir leben in einer nicht-referenziellen Welt. Infolgedessen muss auch die Architektur nicht-referenziell sein. In einer Welt, in der keine einfachen Bedeutungszuschreibungen mehr existieren, ist nur eine nicht-referenzielle Herangehensweise an den Entwurf von Gebäuden sinnvoll. Auch wenn der Architektur unweigerlich immer eine soziale Aufgabe zukommt, lassen sich Gebäude nicht mehr ausgehend von einem gemeinsamen sozialen Ideal entwickeln – vor allem nicht unmittelbar, denn keines dieser gemeinsamen gesellschaftlichen Ideale, das uns in der Vergangenheit verbunden haben mag, hat in der Gegenwart Bestand. Nicht-referenzielle Architektur ist kein Gefäss oder Symbol, das auf etwas jenseits seiner selbst verweist. Im Gegensatz zu den Gebäuden der Vergangenheit, die eine Verkörperung gemeinsamer sozialer Ideale darstellten, bezieht ein nicht-referenzielles Gebäude seine Bedeutung, seinen Sinn nur aus sich selbst.
Der weitverbreitete Affekt, diesem augenfälligen Bedeutungsverlust dadurch zu begegnen, dass man Gebäude mit Bedeutungen auflädt, die sich aus Quellen jenseits der Architektur speisen, ist nutzlos. In unserer nicht-referenziellen Welt gerät die Architektur auf Abwege, wenn die Bedeutungsaufladung von Gebäuden mittels des Rückgriffs auf ausserarchitektonische Domänen erfolgt. Das ist eine falsch verstandene Multi- oder Transdisziplinarität, die der Architektur keineswegs zuträglich ist – und auch ihrer sozialen Verantwortung nicht gerecht wird. Nicht-referenzielle

Architektur ist keine „multikulturelle“ Architektur. Architektur kann aber auch nicht frei von Bedeutung sein; sie kann kein Objekt des Nichts sein. Im Gegensatz zu den gängigen Bestrebungen, heutige Gebäude mit ausserarchitektonischen Inhalten anzureichern, ist Architektur in erster Linie das Entwerfen, Konstruieren und das Bauen von Räumen und befasst sich mit deren Szenografie und den Bewegungsabläufen in diesen Räumen. Insofern erzeugt Architektur in erster Linie eine grundlegende physische und sinnliche Erfahrung, bevor sie im zweiten Schritt eine intellektuelle Auseinandersetzung anregt. Räume lösen zuallererst zwei Dinge aus: Raumerfahrung und die menschliche Sehnsucht, aus dieser fundamentalen Erfahrung Sinn zu schöpfen. Die Raumerfahrung ist ihrem Wesen nach architektonisch. Es muss betont werden, dass keine Disziplin ausser der Architektur dazu fähig ist, irgendetwas von Relevanz zu den grundlegenden architektonischen Konditionen beizutragen. Das Ausserarchitektonische hat, wenn überhaupt, nur Einfluss auf den intellektuellen Bereich, da es sich jenseits dessen befindet, was die Kunstform Architektur vermitteln kann. Im Gegensatz zu jener Zeit, als Gebäude als Symbol für etwas jenseits des Architektonischen Liegendes gedeutet wurden – was möglich war, weil gemeinsame Ideale noch existierten und weitgehend anerkannt und verstanden wurden –, hat nicht-referenzielle Architektur heute keine andere Wahl, als rein architektonisch zu sein. Sie hat insofern keine andere Option, weil unsere Gesellschaft zum ersten Mal in der Geschichte auch ohne ein grundlegendes Verständnis von kulturellen und historischen Beziehungen gut funktioniert. Die Tatsache, dass kein solch grundlegendes Verständnis von kulturellen und historischen Beziehungen existiert, die Welt aber trotzdem nicht schlechter als zuvor erscheint, ist bedeutsam für unsere Auffassung vom mutmasslichen Funktionieren unserer Welt. Das ist für uns alle neu! Diese Situation einer nicht-referenziellen Welt betrifft die Architektur massgeblich: Nur als reines architektonisches Objekt – und wir sprechen hier nicht von einem beziehungslosen Solitär, vielmehr kann ein architektonisches Objekt alles sein: vom Gebäudefragment bis zu einer ganzen Stadt – ist es einem Gebäude möglich, in der Seele und im Geist einer Person, die in der heutigen nicht-referenziellen Welt lebt, einen Widerhall zu erzeugen.

Die nicht-referenzielle Welt verlangt von jedermann, dass er sich immer wieder aufs Neue mit ihr in Einklang bringt, da keinerlei feststehende Bedeutungen mehr existieren. Insofern überrascht es nicht, dass nicht nur die Philosophen den Begriff des Künstlers auf den Menschen an sich ausgedehnt haben. Dieser erweiterte Künstlerbegriff versteht Menschen als kreative Wesen, die die Gesamtheit ihrer Lebenskontexte einem Kunstwerk gleich zu gestalten vermögen. Insofern ist jeder Mensch ein Architekt des Lebens. In unserer nicht-referenziellen Welt sollten wir alle eine Welt erschaffen. Darüber hinaus errichten sich die Menschen heute – im Gegensatz zu früher – nicht nur *die eine* Welt, vielmehr bauen wir alle *unsere* Welt. Für uns Architekten ist massgeblich, dass das philosophische Errichten einer Welt Hand in Hand geht mit dem tatsächlichen Akt des Bauens seitens wirklicher Architekten. Anstatt sich auf das Ausserarchitektonische zu beziehen, um Gebäude mit Sinn aufzuladen,

können Gebäude selbst sinnstiftend sein. Als solche nehmen sie bei der gesellschaftlichen Aufgabe, die Welt zu ordnen, eine entscheidende Rolle ein.
Der Versuch, durch das Überschreiten der Disziplingrenzen Gebäude aufzuwerten, ist vergeblich und schätzt die Fähigkeiten der Architektur gering. Gebäude um diverse Facetten anzureichern, ist ein altes Muster postmoderner Architektur. Es zielt auf eine sogenannte „multikulturelle" Welt ab. Wir leben aber nicht mehr nach der Massgabe des multikulturellen Ideals dieser Postmoderne. Wir leben in einer nichtreferenziellen Welt, die nicht mehr vom Ideal einer stets wachsenden Vielfältigkeit dominiert wird, dessen Ziel eine ausbalancierte Gesellschaft ist, in welcher all diese Werte koexistieren. Dieses Gesellschaftsmodell einer geordneten Koexistenz der Werte siecht rasend schnell dahin, wenn es nicht schon ausgestorben ist. Die multikulturelle Welt ging von der Koexistenz einer ganzen Reihe von Werten aus. Ihre grösste Herausforderung war es, in einer Gesellschaft, die geprägt ist von der Diversität der Menschen rund um den Globus, gemeinsame, einheitliche Wertvorstellungen hervorzubringen. Der Schlüssel hierzu ist Integration. Das Konzept der Integration war Teil der postmodernen Ideologie der 1960er- bis 1980er-Jahre. Es fusste auf der Homogenität der gesellschaftlichen Ziele – von sehr ähnlichen Bedürfnissen und Interessen. Heute dürfte den meisten unklar sein, welche Bedürfnisse, Interessen und Werte das sein sollten. Zudem gibt es in Bezug auf diese Werte keineswegs mehr einen breiten Konsens, der unsere Welt strukturieren könnte. In der heutigen, nicht-referenziellen Welt differenzieren sich die gesellschaftlichen Ziele aus in Entsprechung

zur Fülle an Individuen und Gruppen mit vollkommen unterschiedlichen, absolut unvereinbaren Interessen. Betrachtet man die Bevölkerungsstruktur, so zeigt sich, dass es keine eindeutigen, übereinstimmenden Bedürfnisse mehr gibt, da bereits der Menschheitsbegriff an sich nicht mehr kohärent ist. In der nichtreferenziellen Welt haben wir keine gemeinsamen „Projekte" oder „Programme" mehr wie noch aus voller Überzeugung zu Zeiten der Moderne und mit einem kritischen Unterton in der Postmoderne. Nicht wenige Gelehrte haben diesen weltumspannenden Zustand als eine alarmierende „weltanschauliche Leere" bezeichnet. Wir hingegen würden unsere nicht-referenzielle Welt – weniger dramatisch formuliert – eher als einen *Realismus ohne Deutung* bezeichnen.
Diese grösseren geistigen Strömungen der Welt interessieren uns. Als Architekten muss uns jedoch bewusst sein, dass Nichtarchitekten den eigentlichen Entstehungsgrund von Architektur nicht kennen. Manchmal trifft dies selbst auf Architekten zu. Insofern tragen auch jene Architekten Schuld, die irrtümlicherweise glauben, sie könnten die Architektur in unseren wirren Zeiten retten, indem sie ihre architektonischen Ansätze ökonomisch, ökologisch und politisch untermauern. Sie tun es in der Hoffnung, ihr damit Relevanz und Moral angedeihen zu lassen. Ebenso irrt der Ansatz, das Bauen werde zu einem offenkundig künstlerischen Akt mittels einer Durchdringung mit esoterisch-rhetorischen Konzepten – sind doch diese in den meisten Fällen leere Worthülsen. Diese beiden fehlgeleiteten Ansätze haben gemeinsam, dass die Architektur ihnen zufolge auf etwas beruht, das ausserhalb ihrer Disziplin liegt. Sprechen Architekten dieser

Couleur über Architektur, so argumentieren sie nur aus ihrer spezifischen, nichtarchitektonischen Perspektive, und ihre Argumente basieren auf Kriterien dieser nichtarchitektonischen Ansätze. Es ist nicht von der Hand zu weisen, dass Architektur unter anderem von Mathematik, Soziologie, Biologie, Ethik und Kunst beeinflusst ist, aber letztlich können diese Disziplinen und ihre jeweils spezifischen Blickwinkel nichts zur Beurteilung des vorhin genannten Gegenstands – des Entwerfens von Gebäuden – beitragen. Um es nochmals zu betonen: Ein Gebäude kann nicht nur rein architektonischer Natur sein, es hat auch das Potenzial zur Sinnstiftung. Insofern stützt sich nicht-referenzielle Architektur auf die grundlegendsten Qualitäten und Charakteristika eines Gebäudes und wird daran gemessen: Die Rede ist von der Fähigkeit, aus sich selbst heraus sinnstiftend zu sein. Hierzu sagte der Philosoph Martin Heidegger einst: „Das Bauwerk ist im Stein."

Nicht-referenzielle Architektur entledigt sich nichtarchitektonischer Bedeutungen, um sinnvoll zu sein für die Menschen des 21. Jahrhunderts, die sich nicht mehr an fixen, diesen Bedeutungen verpflichteten Idealen orientieren. Es ist nicht neu, dass die Architektur als eigenständige Disziplin gesehen wird. Neu ist hingegen die zunehmende Heterogenität unserer Gesellschaft. Wenn wir feststellen, dass wir in einer Welt leben, in der es immer weniger allgemeingültige Vorgaben und Regeln gibt, so ist das keineswegs pessimistisch gemeint. Heutzutage existieren keine Institutionen mehr, die es – wie früher die Kirche oder der Staat – vermögen, unsere Gesellschaft zusammenzuschweissen oder auch nur zusammenzuhalten.

Seit der Aufklärung hat die Kirche diese Fähigkeit zusehends eingebüsst. Der Staat, der diese Rolle einer vereinigenden Kraft vorübergehend von der Kirche übernahm, zerfällt aktuell direkt vor unseren Augen. Einige der klügsten Köpfe sind zu dem Schluss gekommen, dass dies ein deutliches Merkmal unserer Zeit ist: Man kann heutzutage an nichts mehr glauben. Und das betrifft nicht nur die Religion, sondern auch Politik, Kunst und Wissenschaft. Das bedeutet nicht, dass es heutzutage keine grossen menschlichen Errungenschaften mehr gibt. Im Gegenteil! Derartige Errungenschaften und Innovationen tragen jedoch nicht zu einem allgemeingültigen Wertekatalog bei; ebenso wenig laufen sie auf eine Institution hinaus, die dabei helfen würde, eine derart schwer fassbare Menge an Verhaltensweisen zu ordnen. Man könnte sagen: Wir leben in einer zunehmend unideologischen Welt! Wir leben in einer Epoche der allumfassenden Entzauberung, in der die einzige Verzauberung die kollektive Entzauberung ist. Man könnte das beklagen, aber das wäre nicht hilfreich. Tatsächlich beklagen wir diesen Umstand nicht. Nicht-referenzielle Architektur wird dieser nicht-referenziellen Welt, in welcher keine einfachen Bedeutungszuschreibungen mehr existieren, insofern gerecht, als sie eine befreite Architektur ermöglicht.

Hinsichtlich der nicht-referenziellen Architektur stellt sich folgende Frage: Wie kann ein Gebäude Sinn stiften? Konkreter: Wie können wir in unserer äusserst beziehungslosen, heterogenen, polyvalenten, unkonventionellen, informellen, dezentralisierten, expandierenden und immer ideologiefreieren Welt Gebäude planen, denen – jenseits ihrer spezifischen Bedeutung,

die sie für eine bestimmte einzelne Person haben – eine gewisse Allgemeingültigkeit und ein gemeinschaftlicher Wert innewohnen?
Nicht-referenzielle Architektur steht weder für einen bestimmten Stil, Gebäude oder Städte zu bauen, noch fordert sie irgendeine Art Ideologie ein – also keinerlei Stile oder Ideologien, auf die ein Architekt, Bauherr, Stadtplaner oder Politiker zurückgreifen könnte. Das hat die Architekturtheorie des letzten halben Jahrhunderts, seit Robert Venturi seine prägende Abhandlung *Komplexität und Widerspruch in der Architektur* vorgelegt hat, gezeigt. Annähernd Hand in Hand mit Venturis für die Architektur so einflussreichem Konzept geht Aldo Rossis gleich altes Diktum von der „Autonomie der Architektur". Es konstatiert, dass Architektur nur aus sich selbst heraus abgeleitet werden kann. Selbst Architekturdenker, die mit Venturi und Rossi wenig gemein haben, argumentieren in diese Richtung: Peter Eisenman fordert die vollständige Ersetzung der Semantik durch Syntax, Bernard Tschumi erkennt keine festgelegte Beziehung zwischen architektonischen Formen und Ereignissen, Peter Zumthor strebt nach einer „zivilisatorischen Unschuld", Jacques Herzog und Pierre de Meuron sind Verfechter der „spezifischen Form", in der Architektur nichts repräsentiert, und Rem Koolhaas hat die Wechselbeziehung von Gebäuden in Bezug auf Bedeutung, Identität und Form überwunden und den technologieaffinen Begriff des „Generischen" eingeführt. Jedes dieser Beispiele repräsentiert einen Ansatz, die Architektur vom Ausserarchitektonischen zu befreien. Wir sind Zeugen des Entstehens einer reinen Architektur – anders gesagt: einer entstehenden Tradition in Richtung

einer befreiten Architektur, die nicht länger ideologisch oder, noch allgemeiner, nicht länger symbolisch ist. Die Bestrebungen der oben genannten Architekten sind jedoch allesamt der Moderne geschuldet, sind sie doch jede für sich eine Reaktion auf diese Moderne – ob nun in Abgrenzung davon oder als ihre Erweiterung. Jeder dieser Architekten hat scharfsinnig erkannt, dass die Welt zunehmend heterogen und polyvalent wird, und einen Vorschlag unterbreitet, wie die Architektur darauf reagieren könnte. Keiner von ihnen hat diese polyvalente Welt jedoch begrüsst. In all ihren unterschiedlichen Ansätzen haben diese Architekten den Betrachter ihrer Gebäude auf einen „Rezipienten" reduziert, auf einen mehr oder weniger direkt oder indirekt beteiligten „Zuschauer". Bei Eisenman und Tschumi wird dieser Rezipient dazu aufgefordert, seine Welt in einem gleichsam intellektuellen Akt zu dekonstruieren. Bei Herzog & de Meuron und Zumthor muss der Rezipient eine Art ritueller Reinigung durchlaufen, um – einem Mönch oder Buddhisten gleich – seine ganz eigene kontemplative Unschuld zu erlangen. Und bei Koolhaas ist der Besucher ein Betrachter, der die Verwissenschaftlichung, Spezialisierung und Fragmentierung seines Selbst akzeptiert. All diese Ansätze haben massgeblich zu dem beigetragen, was Architektur heute ist; und jeder von ihnen hat unweigerlich den Boden für eine nicht-referenzielle Architektur bereitet.

Die vorliegende Abhandlung zur nicht-referenziellen Architektur radikalisiert die oben angeführten Befreiungsversuche nicht nur, sie überwindet auch die Architektur der Postmoderne und Spätmoderne der Jahre 1960 bis 2000, die, wie schon erwähnt, der früheren Moderne stark verpflichtet ist. Sie zielt auf eine nicht-referenzielle Architektur ab, die die Ideen des „modernen Projekts" hinter sich gelassen oder neutralisiert hat. Das „moderne Projekt" steht für eine im Wesentlichen politische Bewegung, die den menschlichen Geist als den Ursprung aller Dinge betrachtet. Seine zentralen Begriffe sind Individualismus, Liberalismus, Marxismus, Mechanismus, Rationalismus, Relativismus, Säkularismus, Subjektivismus und Wissenschaft. Die Tatsache, dass wir das „moderne Projekt" der modernen und postmodernen Architektur hinter uns gelassen und eine neue Ebene erreicht haben, hat auch Rem Koolhaas widerstrebend anerkannt, als er im Jahr 2016 in einer Vorlesung an der Harvard University anmerkte, dass „Menschen über fünfzig dazu tendieren, sich Sorgen zu machen, während Menschen unter fünfzig einen Hang dazu haben, sich nicht zu bekümmern". Das bedeutet nicht, dass die Menschen heutzutage kein Interesse mehr haben, aber sie lassen sich nicht mehr von Begrifflichkeiten des 20. Jahrhunderts wie „Projekt" oder „Programm" verführen. Heutzutage begegnen die Menschen den Komplexitäten des Lebens auf eine nicht ideologische Art und Weise, die Bedeutung nicht vermittels Referenzen erzeugt. Moderne und Postmoderne waren noch von einem Wertekonsens überzeugt – Erstere erfüllt von Optimismus und Letztere als Kritikerin. Sie glaubten an eine Welt, die letztlich von einem festgelegten Moralkodex und fixen Werten bestimmt wird. Solche Gewissheiten existieren heute nicht mehr. Der postmoderne Architekturdiskurs stellte sich den soziopolitischen Problemen des städtischen Lebens, aber seine Vorschläge waren geleitet von der anerkannten Durchführbarkeit des referenziellen „modernen Projekts". Die heutige nicht-referenzielle Architektur hat eine andere Aufgabe: Ihre Gebäude müssen in einer Welt, die sich der Bedeutung verweigert, sinnstiftend sein. Damit hat ein kompletter Wandel stattgefunden: weg von einer Architektur, die ihren Bewohnern anbietet, Teil einer ihnen bekannten lebensversichernden Gesamtheit zu sein, an die sie glauben; und hin zu einer Architektur, die es ihnen ermöglicht, eine lebensversichernde Gesamtheit zu bilden, von der sie glauben, dass sie letztlich nicht existiert.

Dem praktizierenden Architekten stellt sich folgendes Problem: Wie kann ein einzelnes Gebäude auf nur eine, wenn auch signifikante Art und Weise existieren, ohne dass es sich von einem ideologischen Überbau ableitet, der keine Gültigkeit mehr besitzt?

Lassen Sie uns zusammenfassen: In einer Welt wie der heutigen, ohne feststehende Werte und Regeln, verleiht nur die Idee des Architekten diesem Gebäude Sinn, da sich der Architekt nicht auf ein einheitliches Repertoire an Werten stützen kann, die von allen Nutzern des Gebäudes geteilt werden. Diese neue gesellschaftliche Situation bedeutet jedoch nicht, dass der Architekt isoliert agieren sollte. Im Gegenteil: Seine Aufgabe ist es, die grundlegenden gesellschaftlichen Strömungen seiner Zeit zu erfassen – so polyvalent sie auch sein mögen –, um sich bei seinen Gebäudeentwürfen davon leiten zu lassen. Die Architekten büssen keineswegs an Wichtigkeit ein, wie man zunehmend zu hören bekommt. Im Gegenteil: Aufgrund des Wegfalls institutioneller Richtlinien und gesellschaftlicher Übereinkünfte – wie wir sie aus der Vergangenheit

kennen und welche in Fragen der Architektur Orientierung gaben – ist nun der Architekt dafür verantwortlich, Gebäude zu entwerfen, denen Bedeutung zukommt. Gemeint ist kein feststehender Sinn oder ein fixes Programm wie zu Zeiten der alten Moderne, der Postmoderne oder in noch früheren Epochen. Es geht vielmehr darum, Gebäude zu entwerfen, denen ein Sinn innewohnt – und zwar einer, der existenziell ist für das Leben der Menschen. In dieser neuen und zweifellos schwierigen Situation befinden wir uns heute. Sie fordert uns heraus, entspricht damit aber auch der heutigen Welt. Jeglicher Versuch, alte gesellschaftliche Modelle wiederzubeleben, ist vergebens.
Die gegenwärtige Architektur muss nicht-referenziell sein. Das ist alternativlos, denn jeglicher Versuch, sie ideologisch zu verklären und sie auf irgendeine Art von „Denkschule" zu verpflichten, lässt sie umgehend hinfällig werden. Das bedeutet jedoch nicht, dass es heutzutage keine Architekturstandards mehr gibt. Es gibt keinen Raum für ein joviales „anything goes", ungeachtet dessen, wie ernst zu nehmend diese Provokation vor einem halben Jahrhundert auch war. Für den heute tätigen Architekten ist es von grösster Wichtigkeit, dass er sich frei macht von dem lange Zeit herrschenden Anspruch, Architektur habe referenziell zu sein. Nicht-referenzielle Architektur muss die unbegrenzte und nicht ideologisch geprägte Agilität jener Menschen adressieren, die in dieser gegenwärtigen nicht-referenziellen Welt leben. Insofern kann ein Gebäude weder historisch noch symbolisch (beide Begriffe werden hier in ihrer umfassendsten philosophischen Bedeutung verwendet) sein, also etwas jenseits seiner selbst repräsentieren, weil kein Konsens

darüber besteht, was dieser übergeordnete Gegenstand sein sollte. Ein Gebäude existiert lediglich seiner selbst wegen.

Die Tatsache, dass ein Gebäude lediglich seiner selbst wegen existiert, ist keineswegs problematisch, auch wenn das manch einer einwenden mag. Vergleichen lässt sich das etwa mit der Ablösung der traditionellen rationalen Metaphysik durch die Ästhetik als neuem philosophischem Zweig. So wie die Ästhetik als seinerzeit neue erkenntnistheoretische Möglichkeit kann heute ein Gebäude alles umfassen. Insofern benötigt ein Gebäude keine externen Systeme, um sich zu rechtfertigen – so, wie die Ästhetik nicht länger als eine im Vergleich zu Ethik und Logik niederrangige philosophische Wissenschaft angesehen werden kann. Allein die physische Präsenz eines Gebäudes kann alles umfassen, selbst die grössten und dauerhaftesten Wunder, die die Menschheit teilt.

Anstatt Ideale zu verkörpern, die nicht mehr gültig sind oder Menschen nicht mehr zu verbinden vermögen, sollte ein Gebäude zum Nachdenken anregen und dazu ermutigen, mit ihm und – im erweiterten Sinne – mit der Welt in einen Diskurs zu treten. Ein Gebäude muss also sinnstiftend sein. Sinnstiftend bedeutet in dem Falle aber nicht, dass das Gebäude das Gefäss für einen von aussen herangetragenen Sinn ist. Weil es eine Konstruktion fundamentaler Art ist, hilft das Gebäude seinen Nutzern vielmehr, Sinn zu stiften. Die besten Gebäude erzeugen stets eine Resonanz, welche die Architektur voranbringt: Gebäude befördern den Diskurs zwischen dem „Hier“ und dem „Dort“, zwischen dem „Ich“ und dem „Unbekannten“. Nicht-referenzielle Gebäude regen solche Diskurse an. Dennoch repräsentieren Gebäude nichts. Vielmehr sind sie aufgrund ihrer Existenz sinnstiftend. Kurz: Ein Gebäude ist ein Objekt, das Menschen zum Nachdenken bringt.

Heutzutage werden Gebäude zu oft als ein Ausdruck ökonomischer, ökologischer oder politischer Ideen verstanden. Ungeachtet des ausserarchitektonischen Impetus, der zu ihrer Errichtung geführt hat, haben referenzielle Gebäude eines gemeinsam: den Verlust ihrer Fähigkeit, allgemeingültig zu sein. Anders gesagt: Ausser-architektonischer Inhalt verleiht einem Gebäude weder „Tiefe" noch Bedeutung – im Gegenteil. Zwar mag ein Gebäude, dem eine Referenz zugrunde liegt, diesbezüglich interessant sein – also in der einen bestimmten Art und Weise, wie es vom Architekten gedacht war –, doch mangelt es ihm jenseits dieser Referenz an Allgemeingültigkeit. Gute Beispiele für Architektur mit ausserarchitektonischem Gehalt sind die vielen zeitgenössischen Museen, in welchen einer Sache gedacht wird, zumeist mittels ambitionierter historischer Referenzen. Nicht nur für diese trifft das Folgende zu: Die Einbeziehung ausserarchitektonischer Themen beeinflusst unsere Vorstellungskraft hinsichtlich dessen, wie wir Gebäude ersinnen. Man bleibt bestimmten Themen verhaftet, und unsere Vorstellungskraft in Bezug auf die Architektur und die sie umgebende Welt wird kaum angeregt. Solche Gebäude „ersticken" an Referenzialität.

Abgesehen von diesem oben dargestellten allgemeineren Rückgriff auf Referenzialität in der Architektur gibt es einen noch problematischeren Ansatz, auf den hier eingegangen werden muss. Manchmal werden Gebäude mit einem offenkundig künstlerischen

Ansatz entworfen. Man könnte auch von einem konzeptuellen Ansatz sprechen. Dieser Ansatz ist oftmals hochgradig rhetorischer Natur. Und häufig kommt er esoterisch daher. Auch wenn dieser konzeptuelle Ansatz Referenzialität ausschliesst, ist die „Entleerung" von Gebäuden, indem man sie so weit konzeptualisiert, dass sie keinerlei Sinn mehr in sich tragen, ebenso wenig erstrebenswert. Ja der „künstlerische" oder „konzeptuelle" Ansatz ist sich des Problems der Referenzialität sehr wohl bewusst. Er zielt geradezu darauf ab, Gebäude von historischen oder symbolischen Konnotationen und Bildern freizuhalten. Allerdings befreit dieser Ansatz das Gebäude von jeglichem Sinn. Und diese „Entleerung" versucht er über das „Gefundene" und „Absichtslose" zu erreichen. Das ist jedoch keine adäquate Antwort auf das Problem, da dieser Ansatz davon ausgeht, dass eine präzise, gut konzeptionierte architektonische Ordnung allein aufgrund ihrer Existenz dazu fähig ist, Sinnstiftung im Menschen anzuregen. Die architektonische Ordnung ist an sich aber nicht sinnstiftend, selbst wenn sie in sich schlüssig ist. Ein solch selbstbewusster „künstlerischer" oder „konzeptueller" Ansatz – diese Bezeichnung beruht darauf, dass er sich auf die Konzeptkunst erstreckt – ist insofern problematisch, als er dazu tendiert, sich in seine eigene Welt zurückzuziehen, in welcher eine gebaute Idiosynkrasie die nächste ablöst. Solch ein Ansatz befördert Sprachlosigkeit, da es diesen Gebäuden an sinnstiftenden Ideen mangelt.

Es muss wiederholt betont werden, dass das blosse Herstellen einer architektonischen Ordnung – und sei ihre Ausformulierung noch so stimmig – nicht sinnstiftend ist, sondern nur ein mechanisches Konstrukt, einem Uhrwerk vergleichbar. Es gibt einen Grund, weshalb Uhrwerke ungeachtet ihrer mechanischen Schönheit gemeinhin nicht der ästhetischen Domäne zugeordnet werden.

Naturgemäss wirft das die Frage auf, wie eine sinnstiftende Architekturidee realisiert werden könnte. Was verleiht einem Gebäude letztlich seinen räumlichen und formalen sinnstiftenden Ausdruck? Tatsächlich beruht jedes Gebäude auf einer Grundvoraussetzung: physische Raumerfahrung. Alberto Giacometti sagte einst über seine Skulpturen, das Beste an ihnen sei, dass man sie anfassen könne. Wir sagen: Das Beste an Gebäuden ist, dass man ihre Räume physisch erfahren kann. Eine solche Raumerfahrung ist unumstritten, sie ist sozusagen das „Rohmaterial" jedes Gebäudes. Sie ist der Schlüssel zu nicht-referenzieller Architektur.

So gesehen, verleihen Räume Gebäuden allein durch ihre Präsenz subjektive universelle Gültigkeit. Die Raumerfahrung ist jederzeit für jedermann gegenwärtig. Das klingt vielleicht etwas lapidar, ist es aber nicht: Jeder vermeintlich „einfache" Raum eines Gebäudes enthält seine Repräsentationen in mannigfacher Weise. Räume sind an und für sich signifikant. Am einfachsten gesagt: Räume machen den Sieg über die Materie erfahrbar. Aus diesem Sieg über die Materie des Materials bezieht das Gebäude seine sinnstiftende Funktion. Dies ist eine grundlegende Erfahrung für jedermann. Insofern ist die Form der Räume – innen wie aussen – letztlich das allgemeinste Architektonische eines Gebäudes. Die Form vermittelt den Menschen einen zusätzlichen kulturellen Wert, und sie versetzt Individuen ebenso in Bewegung wie die Gesellschaft. Alles andere – Ökonomie, Ökologie, Geschichte, Politik und jeglicher andere ausserarchitektonische Inhalt – ist nicht nur nicht massgeblich, sondern auch in seiner Referenzialität zu begrenzt. Diese Kategorien sind deshalb nicht massgeblich, weil sie keine Allgemeingültigkeit für Gebäude besitzen. Heutzutage besteht kein Wertekonsens in Bezug auf alle diese ausserarchitektonischen Importe, und es wäre ein Fehler, Gebäude von solchen nicht allgemeingültigen Werten abhängig zu machen. Nicht-referenzielle Architektur kann, gerade weil sie sich nicht auf irgendeine Art von grösserem Konsens stützen lässt, nur allgemeingültig sein, wenn sie Ausdruck von etwas Echtem, Tatsächlichem ist, so allgemeingültig und nah an der Wahrheit wie möglich – ähnlich wie der grundlegendste Sieg über die Materie. Insofern ist nicht-referenzielle Architektur vor allem anderen eine Sache der Form, konkret: der Ausgestaltung der Räume, innen wie aussen. Die Form erzeugt eine Raumerfahrung, die sinnstiftend ist.

Die heutige Zeit ist faszinierend für Architekten, musste doch die Architektur in keinem Zeitalter zuvor so rein architektonisch sein wie gegenwärtig. Architekten müssen Räume erzeugen, ohne auf ausserarchitektonische Referenzen zurückzugreifen. In dieser nicht-referenziellen Welt des 21. Jahrhunderts haben sich die sozialen Verhältnisse dahin gehend entwickelt, dass sie bereit ist für Gebäude, die für nichts anderes stehen als für sich selbst – und damit sind selbstverständlich keine isolierten Objekte gemeint, die sich von ihrem sozialen Umfeld abschotten. Ob ein Gebäude Bedeutung entfaltet oder nicht, hängt insofern davon ab, ob ein Architekt es im Hinblick auf die Form und eine daraus folgende sinnstiftende Raumerfahrung entworfen hat. Lassen Sie uns klarstellen: Auch das Magische und Geheimnisvolle sind letztlich Teil dieser sinnstiftenden Erfahrung, die ein Architekt seinem Gebäude einschreibt. Die Architektur existiert in der Sphäre des Architektonischen, sie bedarf keiner multidisziplinären Allianzen mit ausserarchitektonischen Domänen, und sie strebt auch nicht danach, Ausdruck eines Ordnungssystems zu sein, das für die Menschen keine Bedeutung hat. Wenn ein Gebäude rein architektonisch ist, insofern als die Architektur sich von der Architektur ableitet, dann ist es wahrscheinlich, dass ein Gebäude eine ganz bestimmte Form annehmen kann und immer noch signifikant ist in einer Welt, die von Bedeutung nichts mehr wissen will.

Nach der Postmodernität: nicht-referenzielle Welt

Die nicht-referenzielle Welt, in der wir leben, unterscheidet sich von der Postmoderne der letzten vier Jahrzehnte des 20. Jahrhunderts. Unsere Gesellschaft hat in den vergangenen zwanzig Jahren eine zweite Aufklärung durchgemacht. Über die Existenz dieser nicht-referenziellen Welt herrscht in Architekturkreisen jedoch noch kein breiter Konsens. Die Architekturdisziplin ist im Wesentlichen noch immer den alten Lehren der Moderne und der Postmoderne verpflichtet, wenn es darum geht, ihre Werke zu rechtfertigen. Daher müssen hier einige Erklärungen erfolgen im Hinblick auf die neuen gesellschaftlichen

Strömungen, auf welchen die nicht-referenzielle Architektur basiert.
Die Schlüsselfiguren in der Architektur und ihre wichtigsten Beiträge wurden bereits erwähnt. Lassen Sie uns nochmals auf Venturis Buch *Komplexität und Widerspruch in der Architektur* zurückkommen, denn es ist ein hervorragendes Beispiel dafür, dass die Postmoderne den Paradigmen der Aufklärung des 18. Jahrhunderts verhaftet geblieben ist – derselben Aufklärung, die die architektonische Moderne des 20. Jahrhunderts hervorgebracht hat. Wichtig im Kontext dieser Ausführungen ist, dass die Moderne und Postmoderne Epochen waren, in denen die Welt Ideale hatte und an diese glaubte. Die Architektur wurde in Referenz auf diese Ideale entworfen. Eine Konsequenz dieser Abhängigkeit war das nachvollziehbare Verlangen nach irgendeiner Art von Stil, als prominentester wäre wohl der „International Style" zu nennen. Tatsächlich ist der Begriff Stil ein Markenzeichen der Moderne wie der Postmoderne, auch wenn sich die Moderne von Zeit zu Zeit gegen ein solches Etikett wehrte – ebenso wie gegen „Geschichte", die andere eindeutig modern-postmoderne Erfindung. Dieser Aspekt ist zentral, denn die nicht-referenzielle Welt ist wie erwähnt nicht nur nicht länger symbolisch im Hinblick auf Bilder jeglicher Art, sondern von Natur aus auch nicht mehr historisch. Die Gesellschaft hat derart grundlegende Umwälzungen durchgemacht, dass es nicht übertrieben ist, von einer „zweiten Aufklärung" oder einer „neuen Aufklärung" zu sprechen, mit der wir tagtäglich in jedem Bereich unseres Lebens konfrontiert werden.

Als Venturi 1966 seine „Apologie“ präsentierte, tat er das als moderner Architekt, der in die Lehre der modernen Architektur eingetaucht war. Es war ihm seinerzeit nahezu unmöglich zu begreifen, was es bedeuten würde, in einer durch und durch „polyvalenten“ Welt – einer der wichtigsten Begriffe seiner Abhandlung – zu leben und zu agieren. Von seinem modernen Standpunkt einer monovalenten Welt aus forderte Venturi eine polyvalente Welt, ohne zu wissen, was das ist. Insofern dachte Venturi die Moderne zu Ende. Er war die Schnittstelle, an der die Moderne endete und die Postmoderne begann, wenn auch der Paradigmenwechsel noch nicht im Gange war. All das trug dazu bei, dass Venturis Ruf nach neuen Rahmenbedingungen für die Architektur etwas Subversives innewohnte, zielte er doch auf eine kompositorische Pluralität und Assemblagen von kultureller Signalwirkung ab. Venturi war der monovalente Spürhund, der die Anfänge einer polyvalenten Welt in der Architektur ausfindig machte. Die polyvalente Gesellschaft konnte er hingegen nicht vorhersehen – sei es, weil sie damals noch nicht existierte, oder weil ihr voller Einfluss noch nicht erkennbar war. Das ist der Grund, warum die von ihm beschriebene Pluralität weitgehend nur den kompositorischen Bereich der Architektur beeinflusst hat. Trotz alledem öffnete sein subversives Credo der dekonstruktivistischen Bewegung, die definitiv kommen sollte, die Tür. Heute ist an der Aussage, dass wir in einer nicht-referenziellen Welt leben, nichts mehr subversiv. Die subversiven Ansätze der 1960er- bis 1980er-Jahre wurden allesamt übernommen und sind heute gemeinhin akzeptiert. Leider hat jedoch nur eine Handvoll Architekten diese

zentrale philosophische und gesellschaftliche Veränderung voll in ihr Denken integriert.
Der Grossteil der praktizierenden Architekten hat, ebenso wie viele Architekturtheoretiker, -kritiker und -historiker, diesen Schritt noch nicht vollzogen, von dem Venturi eine vage Vorstellung hatte, als er seine Theorie vor fünfzig Jahren präsentierte. Der architektonische Diskurs ist in den meisten Fällen nach wie vor einer modernen Orthodoxie und einem Kodex verhaftet, die ein halbes Jahrhundert oder noch älter sind. Dass diese gewaltigen Veränderungen noch kaum Berücksichtigung gefunden haben im architektonischen Diskurs, wird durch die Art und Weise bezeugt, wie Kritiker an Architekturschulen argumentieren im Hinblick darauf, weshalb bestimmte Projekte diese oder jene Qualität vermissen lassen. Schenkt man den immer wiederkehrend von den Kritikern vorgebrachten Credos Beachtung, so macht man sich selbst vor, man lebe im politischen Klima der Achtundsechzigerjahre – mit vielleicht einer einzigen feststellbaren Ergänzung der Projektkritiken: jener der allgegenwärtigen Forderung nach Kontextualisierung als vermeintlich bedeutendstem moralischem Wert für Architekten und ihre Gebäude.
Wir leben in einer vollkommen heterogenen, polyvalenten, pluralistischen, dezentralisierten, nicht-referenziellen Welt, in der zu jeder Zeit und an jedem beliebigen Ort alles möglich ist. Was im Vergleich zu der Situation vor gerade mal zwanzig Jahren vollkommen anders ist, ist der Umstand, dass heute jeder – und damit meinen wir wirklich jeder – informiert ist. Unsere Mobilität und unsere Art, miteinander zu kommunizieren und uns gegenseitig zu informieren,

offenbaren die Veränderungen der letzten beiden Dekaden zwar am deutlichsten, wesentlicher als diese technologischen Innovationen ist aber die Tatsache, dass wir heute nicht mehr ernsthaft von der Existenz irgendeiner Art von Firmament über uns oder einem festen Grund unter uns ausgehen.

Es ist jetzt etwa ein Jahrhundert her, dass in den gängigen philosophischen Diskussionen von „transzendentaler Heimatlosigkeit“ und einer grundlegenden „Entzauberung der Welt“ die Rede war. Diese Diskussionen schlossen an die Nietzsche'sche Äusserung an, dass die Menschen das verbindende und sinnstiftende Firmament, das uns lange Zeit vor der Vergänglichkeit der spröden Natur geschützt hatte, „getödtet [sic]“ hätten. Die Moderne versuchte diesen Klagen damit zu begegnen, dass sie sich selbst eine Art quasidämonische Verzauberung überstülpte, in welcher der Produktivität der Status einer Religion alter Schule zukam. Gleichzeitig führte die zunehmende Komplexität der Welt zum Ende des naiven Geschichtenerzählens. Axiomatisch zusammengefasst wurde dieses Programm im modernistischen Diktum von der „Entzauberung der Welt“.

Von unserem Standpunkt aus ist dies alles Teil jener intellektuellen „Muttermilch“, die uns in der Schule und an der Universität verabreicht wurde. Und tatsächlich scheint uns diese Auslegung der Moderne nach wie vor als Diagnosewerkzeug zu dienen, einschliesslich solcher Begriffe wie Entfremdung und Verdinglichung. Das ist nach wie vor der ideologische Status quo an den Hochschulen. Ihre Fürsprecher haben gemeinsam, dass sie „kritisch“ sein wollen, weil sie davon überzeugt sind, dass diese Welt einer Art

Rettung bedarf. Eine 1983 erschienene Aufsatzsammlung, die diesen ideologischen Standpunkt entfaltete und im Architekturdiskurs gut Fuss zu fassen vermochte, trägt den Titel *The Anti-Aesthetic. Essays on Postmodern Culture*. Der Titel ist bezeichnend, wird hier doch eine Disziplin, jene der Architektur, neu umdefiniert, die letztlich ästhetisch ist. Im Sinne des Lesers sollte hier zumindest kurz erwähnt werden, dass die dort vorgebrachten Positionen – die weitgehend den politischen Ideen der 1960er-Jahre geschuldet sind – bis zum heutigen Tag noch weit mehr im Architekturdiskurs etabliert sind, als uns im Allgemeinen bewusst ist. Dass der Begriff „Avantgarde" mit all seinen politischen Konnotationen noch Mitte der 1980er-Jahre Gegenstand weiterer Verbreitung, in Form von Neuausgaben und Übersetzungen des Werkes *Theorie der Avantgarde*, war, die auch heute noch im Standard-Architekturdiskurs nachklingt, spricht ebenso für sich. Der lange Arm dieses Erbes reicht weit über die Universitäten hinaus, und es ist in den Zeitschriftenredaktionen ebenso weit verbreitet wie in Berufsverbänden oder bei den Bauverantwortlichen des bürokratischen Apparats auf kommunaler und staatlicher Ebene.

In den letzten zwanzig Jahren hat dieser „kritische Diskurs" aber etwas an Fahrt verloren. Die Auffassung von einer grundsätzlich unideologischen und nichtreferenziellen Welt, in der alles überall jederzeit möglich ist, steht in einer wesentlich sachlicheren und agileren Beziehung zu jenen vorherrschenden Kräften, die unsere Welt ordnen, als jene kritischen Diskurse es jemals erreichen könnten oder sich zugestehen würden. Anstatt die ökonomische Welt und ihre Ungerechtigkeiten zu kritisieren, weiss die nicht-referenzielle Welt ihre unendlichen Möglichkeiten zu schätzen. Der nicht-referenziellen Architektur erscheinen die alten gesellschaftlichen Ideale, welche den Kampf der Postmoderne der 1960er- und 1970er-Jahre bestimmten, antiquiert. Sie haben für die Welt, in der wir heute leben, kaum mehr Relevanz. Die Einsicht, dass die Welt entzaubert ist, hat aber weiter Bestand, zum Teil deshalb, weil wir einfach nicht mehr naiv an irgendeine Art gesalbter Autoritäten glauben können, egal, auf welche Überzeugung sie sich stützen. Der jüngere Begriff „Populismus“ ist – wiederum unabhängig davon, welcher Überzeugung er entspringt – in etablierten Demokratien der neueste Ausdruck einer grundlegend polyvalenten Welt, in der sich Konstruktionen, die lange Bestand hatten, auflösen. Man kann die Auflösung der Ideologien beklagen, aber aus dem Blickwinkel der nicht-referenziellen Welt wird dieser Prozess positiver, als Befreiungsschlag, verstanden: als Gefühl der Freiheit und als Bewusstsein für neue Möglichkeiten. In unserer nicht-referenziellen Zeit hat genau jenes Denken in ideologischen Kategorien, das die grosse Innovation der Moderne und der Postmoderne darstellte, seine die Gesellschaft einigende Kraft verloren.

Jene Formen der Rationalisierung und des Ausdrucks, denen man heute begegnet, haben jedoch nicht zu einem vollständigen Verschwinden von Glaubensüberzeugungen an sich geführt. Schliesslich sind wir gerade jetzt mit den Umwälzungen des islamischen Manichäismus konfrontiert. Selbst die aufgeklärtesten Menschen der westlichen und östlichen Welt sind anfällig für neue Überzeugungen – die weniger religiöser oder politischer Natur sind, sondern soziologische und ökologische Themen betreffen. Derartige Theorien bieten den Menschen für gewöhnlich nur für kurze Zeit Anregung und sind austauschbar gegen andere immer wieder neue Überzeugungen, die wie Pilze aus dem Boden schiessen. Natürlich sind das Symptome dafür, dass unsere Gesellschaft keine Ideale hat, die überzeugend genug wären, um von einem Grossteil der Menschen geteilt zu werden. Stattdessen leben wir in einer Welt, in der keine Referenz beständig und stark genug ist, um verbindend zu wirken. Bei Betrachtung der relativ fixen Sterne, die das Himmelszelt bilden und uns sie umkreisen lassen, ist unsere Verwunderung oft ungebändigt – um dann so schnell zu vergehen wie die Funken eines Feuerwerks.

Niemand scheint erläutern zu können, welche Art von Idealen unsere Welt heute hat. Wir wählen sogar freiwillig Führer, die uns sagen, dass keine Ideale existieren. Die Welt kennt kein Firmament oder irgendetwas Heiliges mehr. Dieses gefühlte Vakuum ist interessanterweise keine ideologische Position, die die eine Person teilen könnte und die andere nicht, die vom einen akzeptiert und vom anderen negiert werden könnte. Die Abwesenheit wirkungsmächtiger verbindender Ideale, die von mächtigen Institutionen, wie einst der Kirche oder dem Staat, getragen werden, macht sich überall bemerkbar. Das ist auch kein moralisches Verdikt. Jeder Versuch, das Rad zurückzudrehen, ist sinnlos. Heute wird selbst in jedem halb konsequenten Diskurs keiner mehr ernst genommen, der uns glauben machen will, dass unsere Zeit durch und durch verdorben sei. Die Frage, ob wir uns in die „falsche Richtung“

bewegen, ist bestenfalls rhetorisch gemeint. Sie erlaubt uns jedoch, jene, die an alte Ideale glauben, zu tragen, was genau sie wiederbeleben möchten, das von allen oder zumindest vielen anerkannt sei. Das Bestreben, Tabus wieder einzuführen und eine moralische Argumentation zu bemühen, ist zwecklos.

Aus diesem Grund heisst es gemeinhin, dass wir in einer erbärmlich banalen Welt leben, die nichts mehr kennt, was grösser ist als sie selbst. Doch das Streben nach einer besseren Welt wirft auch die Frage auf, wie eine solche nicht entzauberte Welt aussehen könnte, haben doch Brüche jeglicher Art keinen Platz in einer gänzlich verzauberten Welt. Im Gegensatz dazu sind wir uns dessen vollkommen bewusst, dass die Tatsache, dass es keine naive Lesart mehr gibt – weder der heiligen Texte noch irgendwelcher autoritärer Dogmen –, zunehmend das Markenzeichen der nichtreferenziellen Welt ist. Das Mehrdeutige und das Ambivalente haben die Herrschaft übernommen. Der ideale Weg zur alleinigen Wahrheit existiert nicht mehr. Oder anders gesagt: Wahrheit lässt sich nur auf plurale Weise erlangen. Wir sind nicht wieder zu Polytheisten geworden, aber wir sind polyvalent.

Es ist nicht so, dass die Welt nichts gelernt hätte aus der Erhabenheit, mit der die selbstkritische Vernunft inthronisiert wurde; oder aus dem danach folgenden Spektakel einer selbstverzauberten Aufklärung, die zu Verwissenschaftlichung, Spezialismus und Fragmentierung geführt hat. Die Welt hat etwas gelernt. Die Welt hat gelernt, dass die letzten Fragen nicht in absehbarer Zeit beantwortet werden können. Wir fragen uns auch, ob diese Situation ein exklusives Merkmal unserer Zeit ist. Ist es nicht möglich, dass wir

Menschen ein gutes Leben haben können, gerade weil wir nicht mehr über visionäre Ideen verfügen, an die wir uns in so vielerlei Hinsicht gewöhnt haben, dass wir abhängig geworden sind von ihnen? Könnte es nicht sein, dass das Zusammenspiel von Magie, Verzauberung, Entzauberung und Wiederverzauberung viel dauerhafter und gültiger ist, als wir denken? Und möglicherweise auch viel komplexer und letztlich überhaupt nicht banal? Menschen, denen vorgeworfen wird, dass sie sich ihrer bürgerschaftlichen Verantwortung entledigen, dürfte das Nicht-Referenzielle näher liegen: Das hat seinen Grund nicht etwa in der Ernüchterung in Bezug auf die Welt, sondern hinsichtlich von Weltkonzepten und Weltanschauungen. Zumindest können wir sagen, dass die nichtreferenzielle Welt nicht völlig frei von Magie ist. Trotz der Verwissenschaftlichung unseres Lebens haben wir uns nicht in rein rational operierende Wesen verwandelt. Die Ästhetik hat ihre Faszination insoweit bewahrt, als die Pforten zur Welt in wesentlichen Teilen rätselhaft bleiben. Nicht-referenzielle Architektur kann – in ihrer Unabhängigkeit von ausserarchitektonischen Inhalten und ihrer Abkehr davon, ein Gefäss für irgendein moralisches Paradigma zu sein – durch ihre Form nicht nur etwas ausdrücken, das wirklich existiert, sondern auch etwas, das so allgemein und wahr wie nur möglich ist.

Das Kapitel „Genealogie der architektonischen Ordnungssysteme“ führt ein in die Analyse nicht-referenzieller Architektur. Es zeigt auf, wie man Architektur „lesen“, verstehen und interpretieren kann. Als Architekten möchten wir bestehende Gebäude analysieren und von ihnen lernen; wir versuchen, sie zu verstehen. Wie konzeptualisiert man ein Gebäude? Was ist für uns von Bedeutung, wenn wir auf ein Gebäude stossen und beschliessen, es zu analysieren? Die Art und Weise, wie ein Architekt ein Gebäude analysiert, und welche Fragen er dabei stellt, verrät uns, wie er sich seiner eigenen Arbeit nähert.
Die Kapitelüberschrift suggeriert, dass Gebäude mangels besserer architektonischer Begriffe nach genealogischem Muster analysiert werden. Das steht in einem starken Kontrast zu einer sozialgesellschaftlichen Herangehensweise. Die genealogische Analyse von Gebäuden bezieht sich auf ihre Raumkonstellationen – man könnte metaphorisch auch von ihrer Desoxyribonukleinsäure reden, besser bekannt als DNS. Man könnte somit sagen, dass die Raumkonstellation – also der Raum, wie er tatsächlich existiert – die DNS eines Gebäudes ist. Mit dem Begriff Raumkonstellation verweisen wir auf Räume, aber wenn wir den Begriff Raum verwenden, beziehen wir uns nicht nur auf mehr oder weniger geschlossene Kammern, die typische Definition eines Raums in der Architektur, sondern auf alle Arten von Aussen- und Innenräumen, welche die Gesamtheit eines Gebäudes bilden. Wir argumentieren, dass wir in erster Linie ihre Genealogie untersuchen, wenn wir Räume analysieren. Wenn also ein

Architekt versucht, ein Gebäude zu verstehen, so muss er dessen formale Attribute herausfiltern. Vermutlich weist die formale Raumkonstellation eines Gebäudes alles auf, was für einen Architekten notwendig ist, um dieses Gebäude zu verstehen. Wenn wir also festhalten, dass die Raumkonstellation alles enthält, was es zu verstehen gilt, dann bedeutet das auch, dass nicht alles an einem Gebäude konzeptualisiert werden kann. Vermutlich noch wichtiger ist die Erkenntnis, dass nicht alles, was wir an einem Gebäude untersuchen, zwangsläufig auch von Bedeutung für den Architekten ist. Die Raumkonstellation eines Gebäudes zu analysieren, bedeutet, dem inhärent Architektonischen dieses Gebäudes auf den Grund zu gehen. Es bringt uns dem Wesen des Gebäudes näher als jeder andere Aspekt, unter dem wir es analysieren können und der uns Schlüsse zu ziehen gestattet, etwa sein geschichtlicher oder repräsentativer Inhalt. Diese grundlegende Basis eines Gebäudes zu analysieren, ist insofern wichtig, weil es bei der Analyse von Gebäuden nicht um eine allgemeine Entschlüsselung der Gesellschaftsgeschichte geht, anhand derer wir die Weltkonzeptionen des einen oder anderen Volkes im Laufe der Geschichte zu verstehen versuchen. Das ist nicht Aufgabe der Architekten und vermittelt ihnen auch nichts für das Entwerfen von Gebäuden. Wenn wir auf die Genealogie architektonischer Ordnungssysteme verweisen, dann nur im Hinblick auf Gebäude, denn die Verantwortlichkeit des Architekten erstreckt sich auf Gebäude – Gebäude sind sein Kompetenzbereich. Das ist kein Plädoyer für Engstirnigkeit, sondern dafür, dass sich Architekten auf das fokussieren sollen, was sie kontrollieren können. Gebäude sind

das Fachgebiet von Architekten, und mit diesen Gebäuden können sie den grösstmöglichen Beitrag zur Gesellschaft leisten.
Um diese Herangehensweise noch deutlicher zu formulieren: Gebäude sollten nicht durch architekturfremde Brillen, etwa die historische oder sozialgesellschaftliche, betrachtet werden, wie es für gewöhnlich in Seminaren und Vorlesungen zur Architekturgeschichte an Universitäten geschieht. Gebäude müssen auf formale Aspekte hin analysiert werden, und damit also losgelöst von ihrer Zeit. In anderen Worten: Ein Gebäude wird als zeitloses Objekt betrachtet. Beispielsweise hilft es wenig, Architektur chronologisch zu studieren, wenn es das Ziel des Architekten ist, etwas über das Entwerfen von Gebäuden zu lernen. Nichts spricht dagegen, dass sich Architekturstudenten in Kurse zur Architekturgeschichte einschreiben, sie diese geniessen und viel dabei lernen, solange nicht das Missverständnis aufkommt, dass eine solche historische und gesellschaftliche Analyse von Gebäuden hilfreich wäre, um ein Verständnis dafür zu entwickeln, was für praktizierende Architekten wichtig und zweckdienlich in Bezug auf das Entwerfen eines Gebäudes ist. Es bedeutet auch nicht, dass der praktizierende Architekt keine Gebäude der Vergangenheit analysieren sollte. Im Gegenteil, ein Architekt lernt unglaublich viel, wenn er Gebäude aus der Vergangenheit aufsucht und analysiert. Und er sollte es so oft und ausführlich wie möglich tun. Allerdings zieht der praktizierende Architekt kaum einen Nutzen daraus, wenn er Gebäude als Repräsentation von etwas ausserhalb ihrer selbst betrachtet, nämlich als eine Abstraktion eines ausserarchitektonischen Konzepts,

sei es religiöser, staatlicher oder privater Natur. Im Idealfall betrachtet man beispielsweise die formalen Aspekte eines Gebäudes ganz ohne „biografisches Hintergrundwissen", also ohne zu wissen, wer das Gebäude warum errichtet hat. In diesem Sinne ist es für den Architekten oft von Vorteil, wenn ihm nichts über die jeweilige Zivilisation bekannt ist, die das Gebäude gebaut hat. Es ist für einen Architekten in den allermeisten Fällen tatsächlich besser, wenn er weder weiss, wer der Bauherr war, warum es erstellt wurde, noch welches Programm dahinterstand und welche Funktion es erfüllen sollte.
Zwischen Genealogie und Geschichte gibt es einen entscheidenden Unterschied: Manchmal wird die Genealogie als Hilfswissenschaft bezeichnet, ohne die die Geschichte nicht auskommt. Die Historiker erinnern uns zu Recht daran, dass die Genealogie wichtig, aber eben nicht gleichzusetzen ist mit der Geschichte als wissenschaftlicher Disziplin. Die Geschichtswissenschaft ist, als deutlich jüngere von beiden, ein neuer Zweig der Forschung, der im späten 18. Jahrhundert entstand und sich im Verlauf des 19. Jahrhunderts zusehends etablierte. Der Gegenstand der Geschichte ist nicht das Studium gesammelter Daten an sich, sondern sie wählt eine „kritische Perspektive" auf die Quellen, um Ursache und Wirkung zu erhellen. Bei der Analyse eines Gebäudes kümmert sich die historische Methode weniger um die tatsächlichen formalen Eigenschaften der Struktur als um deren Interpretation. Die Genealogie ist in jedem Fall nützlich für die Geschichte, weil diese ohne sie nicht auskommt; sie ist grundlegend – eine Tatsache, die erklärt, warum die Genealogie in der vorliegenden

Abhandlung so hochgehalten wird. Obwohl die Genealogie nur als „Beinahe-Wissenschaft“ gilt, haben genealogische Studien bemerkenswerterweise einen grossen Einfluss auf die populären Fantasien und die Volksmeinung, vermutlich sogar mehr als die akademische Geschichtsforschung. Der Grund für die Wertschätzung der Genealogie ist womöglich, dass genealogische Ergebnisse weniger auf Intellektualisierung und ideologische Überzeugungen zurückzuführen sind und damit einen viel grundlegenderen Charakter haben. Sich auf Grundlegendes zu berufen, ist sehr von Nutzen für einen Architekten, der ein Gebäude bauen will, und zwar, weil ein Gebäude ein grundlegendes Unterfangen physischer Art ist. Insofern liegt der Vorteil der genealogischen Forschung darin, dass sie Quelleninformationen relativ unverfälscht weitergibt. Anders gesagt: Die Genealogie liefert grundlegende physikalische Fakten zur Dimension und zu den Materialien der Räume, zu den Abmessungen der Säulen, der Platzierung und Grösse der Öffnungen, der Dicke der Wände und dazu, in welcher Weise man den Raum betritt usw. Den Architekten interessiert das greifbare, physische Formale – stets im Bewusstsein dessen, dass es bei einem Gebäude noch genug Aspekte gibt, die nicht quantifizierbar sind.

Auch wenn das greifbare, physische Formale in diesem Sinne grundlegend ist, birgt es für den Architekten ein grosses Mass an Komplexität. Im Gegensatz dazu ist zum Beispiel die historische Information, dass ein Gebäude ein Meisterwerk einer bestimmten historischen Epoche ist, weil es eine entsprechende Weltanschauung repräsentiert, für den Architekten nicht

gerade von Nutzen; auch bringt die Information, wer der Architekt dieses Gebäudes war oder wer es erstellt hat, einen nicht wirklich weiter. Die Genealogie architektonischer Ordnungssysteme spürt dem Konkreten und Formalen nach. Sie ist insofern nützlich, als wir Menschen mit der grundlegenden sensorischen Fähigkeit ausgestattet sind, Räume zu erfassen. Diese Fähigkeit, Raum zu erfassen, ist keine erlernte, sondern etwas, das uns allen eigen ist. Das manifestiert sich nicht zuletzt in der Architektur vergangener Zeiten.
Ein sehr gutes Beispiel ist der Zapoteken-Tempel von Mitla im mexikanischen Bundesstaat Oaxaca, weil er unabhängig vom Einfluss der europäischen, mittel- oder fernöstlichen Kulturen erbaut wurde. Die Menschen, die ihn erbaut haben, hatten keinerlei Kontakt zu denen aus Mesopotamien, China, Ägypten, Indien, Kreta, Griechenland oder Rom. Aufgrund seiner Unabhängigkeit von anderen alten Architekturen liefert er den Beweis dafür, dass ein bestimmtes Ordnungssystem und eine konkrete Raumerfahrung auf einem elementaren Empfindungsvermögen beruhen. Es wird klar, dass bestimmte architektonische Ordnungssysteme in der Tat universell sind. Natürlich bedeutet das nicht, dass diese Ordnungssysteme von allen Völkern im gleichen Masse angewandt werden – manche Völker bauen so gut wie gar nicht –, aber wenn in einer Kultur gebaut wird, so weisen die Gebäude grundsätzlich die gleichen Ordnungssysteme auf wie bei allen anderen Völkern, auch wenn keinerlei Kontakt untereinander besteht. Architektonische Ordnungssysteme existieren unabhängig von ihren Erbauern. Mitla ist der Beweis dafür, dass die Menschen nicht nur den Raum wahrnehmen, sondern dass verschiedene Menschen

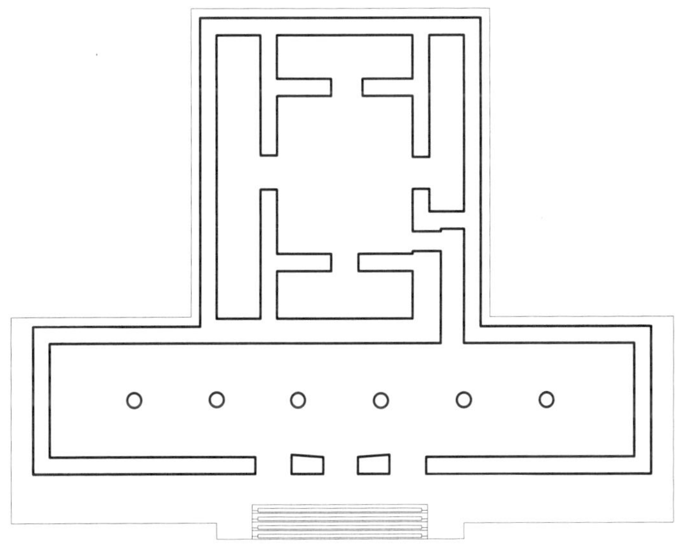

den Raum auch in nahezu identischer Weise wahrnehmen, egal, in welcher Zeit und Kultur sie leben. Menschen nehmen Raum wahr und beurteilen ihn, so wie sie es mit Nahrung oder Musik tun. Mitla ist ein Beweis dafür, dass es eine Genetik des Raums und der Struktur gibt.

Als Beispiel dafür, wie ein Gebäude formal analysiert wird, kann uns ebenfalls der Tempel von Mitla dienen. Hier offenbaren sich räumliche Hierarchien, und es kann gezeigt werden, wie diese Ordnungssysteme miteinander koexistieren. Besonders interessant ist, wie die beiden grössten Räume miteinander verbunden sind. Der Raum mit der Reihe von sechs Säulen ist gerichtet und vermittelt den Eindruck, nicht zentriert zu sein. Dieser Raum wird in der Mitte betreten. Der andere Raum weist auf allen vier Seiten eine Öffnung auf, die sich jeweils exakt in der Mitte der entsprechenden Wand befindet. Die Verbindung dieser beiden Räume ist gleichsam „irgendwo". Tatsächlich betritt man den Raum von einer Ecke her, und diese Verschiebung bedingt, wie man ihn räumlich wahrnimmt. Der Raum mit den vier Öffnungen erscheint „bedeutender" zu sein als der andere mit seiner Säulenreihe. Beträte man den Raum durch eine der vier Öffnungen in der Mitte der Wände, so würde sich dieses Gefühl einer höheren Bedeutsamkeit nicht einstellen. Vielmehr würde man ihn eher auf intellektueller Ebene erleben – eher als Ausdruck einer Absolutheit, einer Idee. Und dann würden wir ihn vielleicht lediglich aufgrund dieser intellektuellen Überhöhung als „bedeutender" empfinden. Im Falle von Mitla haben wir es mit einer räumlichen, rein architektonischen Erfahrung zu tun. Man erlebt die beiden Räume unterschiedlich,

weil einer von ihnen von jenseits ihrer Hauptachsen erschlossen wird. Darüber hinaus ist ein rechteckiger Raum gefühlsmässig leichter zu erfassen – im Vergleich etwa zu runden, dreieckigen oder polygonalen Räumen. Die Tatsache, dass man sich drehen muss, um den nächsten Raum zu betreten, verstärkt das Bewusstsein für die verschiedenen Hierarchien.
Man könnte den Tempel von Mitla auch ganz anders beschreiben. Man könnte ihn als Verkörperung einer Philosophie, als Bild einer Religion, als Ikone eines Staates oder als Materialisierung von Bildern und Vorstellungen einer Person verstehen. Doch wenn Gebäude im Hinblick auf ihre Ordnungssysteme untersucht werden, entwickelt der Architekt ein absolutes architektonisches Verständnis dafür, wie ein Gebäude geordnet ist. Um den Tempel von Mitla genealogisch begreifen zu können, ist keine Interpretation notwendig. Eine einfache Analyse dessen, was vorhanden ist, reicht aus. Es sind letztlich keinerlei Namen, Jahreszahlen oder andere Hintergrundinformationen erforderlich, um Gebäude zu verstehen. Das vorliegende Beispiel zeigt, wie Architektur analysiert werden sollte: Anstatt sie historisch oder symbolisch oder auf andere referenzielle Weise zu analysieren, werden Gebäude unter formalen Gesichtspunkten betrachtet – also nicht-referenziell. Darüber hinaus dient die formale Analyse von Gebäuden auch als Anregung, worauf man sich konzentrieren sollte, wenn man als Architekt selbst ein Gebäude entwirft.

Die Idee in der Nicht-Referenziellen Architektur

Eine Gebäudeidee muss zwei Qualitäten aufweisen: Sie muss formgenerierend und sinnstiftend sein. Dieses Kapitel zeigt auf, was unter einer Idee, die formgenerierend und sinnstiftend ist, zu verstehen ist.

Während es nicht einfach ist, eine realisierbare Idee für ein Gebäude zu konzipieren, die in der Vorstellung der Menschen einen Widerhall erzeugt, sollte die Formulierung einer solchen Idee nicht kompliziert und verworren sein. Die Idee zu einem nicht-referenziellen Gebäude kann in einem Satz oder sogar in nur wenigen Wörtern vermittelt werden. Daher sollte sie auch nicht vage oder schwer greifbar und entsprechend schwergängig daherkommen. Wir begreifen Gebäudeideen nicht als etwas Esoterisches, das irgendwie verschwommen ist und sich daher der Mitteilbarkeit entzieht. Vielmehr sollte eine Gebäudeidee ausserordentlich klar sein. Das bedeutet jedoch nicht, dass sie nicht höchst spirituelle und metaphysische Qualitäten aufweisen kann. Im Gegenteil, guten Gebäudeideen wohnen solche Qualitäten inne, da genau solche Ideen in den Köpfen und Seelen der Menschen einen Widerhall erzeugen.

An dieser Stelle ist festzustellen, dass eine Gebäudeidee – so komplex und so vielgestaltig sie für das jeweilige Gebäude auch zu sein hat – stets überzeugend und stringent beschrieben werden muss. Eine Gebäudeidee muss so genau beschrieben werden, dass der Architekt logische Schlüsse daraus ziehen kann, welche Art von Gebäude er entwerfen will. Wir sagen damit nicht, dass das vollendete Gebäude, wenn es dann vor uns steht, auch vollständig beschreibbar sein muss – das ist unmöglich. Die Gebäudeidee muss aber ausreichend beschreibbar sein als ein Konstrukt im Kopf des Architekten, denn nur diese Klarheit erlaubt es ihm, ein Gebäude zu entwerfen, das eine konsequent ganzheitliche Idee verkörpert. In anderen Worten: Ohne eine von Anfang an gesetzte Idee kann nichts Ganzheitliches entstehen.

Das traf auf gute Gebäude immer schon zu. Im Kontext unserer nicht-referenziellen Welt hat die Gebäudeidee jedoch noch an Bedeutung gewonnen. Angesichts des Mangels an gemeinsamen Idealen, wie wir sie in der Vergangenheit hatten, bedarf jedes heutzutage zu errichtende Gebäude seiner ganz eigenen Idee. Da in der nicht-referenziellen Welt keine glaubwürdigen Ideale mehr existieren, stehen dem Architekten keine Richtlinien mehr zur Verfügung, anhand derer man ein Gebäude zu entwerfen hat. Es liegt nun in der Verantwortung des Architekten, eine Gebäudeidee zu ersinnen. Dass jedes Gebäude seine eigene Idee erfordert, ist eine Folge der von Idealen befreiten und emanzipierten nicht-referenziellen Welt.

Ideen werden hier als formgenerierend verstanden. Die Fähigkeit, formgenerierend zu sein, ist die erste der beiden unabdingbaren Qualitäten einer Gebäudeidee. Der Architekt könnte etwa erklären, dass die Idee vorsieht, einen umfriedeten Garten oder, ein anderes Beispiel, ein Haus mit einem introvertierten und einem extrovertierten Raum zu erschaffen. Wenn die Idee derart lapidar formuliert ist, definiert nicht das Programm die Idee, sondern ihre formgenerierenden Qualitäten tun es. Alle Architekten behaupten, eine zugrunde liegende Idee zu haben, aber oftmals meinen sie damit lediglich die Form, die sie realisieren möchten. Wenn ein Architekt jedoch erklärt, einen umfriedeten Garten oder ein Haus mit zwei antithetischen Räumen erstellen zu wollen, dann inhäriert seiner Idee eine formale Intention. Der Zweck ist der funktionalen Zielsetzung zwar eingeschrieben, aber wenn ein Architekt erklärt, einen umfriedeten Garten oder ein Haus für ein ritualisiertes Leben zu errichten, dann ist nicht die Funktion hier formgenerierend, sondern im ersten Fall die Idee eines umschlossenen Raums und im zweiten Fall die Idee, einen Ort mit Räumen zu schaffen, die gleichermassen befreien wie schützen.

Es handelt sich nur dann um eine architektonische Idee, wenn eine Form impliziert wird. Mit anderen Worten: Die Idee artikuliert etwas derart, dass man sich eine Form vorstellen kann. Ideen müssen formgenerierend sein. Um das Beispiel oben nochmals zu bemühen: Es ist ziemlich einfach, sofort ein formales Bild von einem umfriedeten Garten zu imaginieren. Möglicherweise stellt sich nicht jeder einen solchen Garten genau gleich vor wie jener Architekt, der diese Idee präsentiert, aber so ziemlich jeder hat ein recht klares Bild von einem umfriedeten Garten. Für den Architekten mag der Garten zum Beispiel von hohen Mauern umgeben sein, eine Öffnung im Zentrum der vier Mauern haben, ein Wasserspiel in der Mitte aufweisen und ansonsten gut bestückt mit zahlreichen exotischen Pflanzen und Bäumen sein.

Wenn ein Architekt im Gegensatz hierzu bekundet, dass es sein Ziel sei, ein preiswertes Haus zu bauen, dann ist das keine formgenerierende Idee. Eine solche Beschreibung birgt keine formale Idee. Auch wenn ein Architekt sagt, er plane, ein weisses oder ein kleines

Gebäude zu erstellen, ist das nicht formgenerierend. Genauso wenig kann man von einer Idee sprechen, wenn ein Haus in Stahlbeton oder energetisch nachhaltig gebaut werden soll oder verkündet wird, man plane, eine Kirche zu errichten. Keines der genannten Beispiele ist formgenerierend, und insofern kann auch nicht die Rede von einer brauchbaren Gebäudeidee sein.

Es muss eine eindeutige Unterscheidung vorgenommen werden: Es ist wichtig, zwischen der architektonischen Ordnung und der Idee zu differenzieren. In Analogie zu literarischen Werken könnte man sagen, dass die Idee die Geschichte darstellt. Die Idee formuliert die prinzipielle Absicht, sie legt aber nicht fest, wie das Gebäude architektonisch umgesetzt wird. Insofern kann eine Idee auf zahlreiche Arten ausformuliert werden und sich letztlich im konkreten Gebäude manifestieren. Die Idee beschreibt eine formale Absicht, aber sie konzentriert sich in erster Linie auf den Entwurf einer Ordnung. Wenn wir den Entwurf eines Gebäudes diskutieren, nimmt die Gebäudeidee im Verlauf des kreativen Entwurfsprozesses einen ziemlich konkreten Platz ein. Dabei muss zwischen der architektonischen Idee, der architektonischen Ordnung und der materiellen Ausformulierung klar unterschieden werden. Insofern können wir mutmassen, dass da zuerst einmal eine Art von Wunsch besteht, etwa nach einem Ort, an dem man alleine sein kann. Bemüht man wiederum den Vergleich mit der Literatur, so wäre damit das Genre gegeben, beispielsweise Drama oder Science-Fiction. Im nächsten Schritt folgt die Idee, etwa jene eines umfriedeten Gartens. In der Literatur wäre dies der Stoff eines Dramas oder einer

Science-Fiction-Erzählung. Als Drittes kommt das Ordnungssystem hinzu, im Falle des Gartens etwa ein von Mauern umschlossenes Rechteck. In unserer Analogie wäre das der Plot, der die Geschichte strukturiert. Der vierte Punkt betrifft die jeweilige Ursache und Wirkung einer Geschichte. Dies erstreckt sich auf die konkrete architektonische Ausformulierung des Gebäudes, beispielsweise auf das Material, aus dem es erstellt wurde, auf seine Farbigkeit, die Höhe der umgebenden Mauern, die Pflanzen- und Baumarten. Das zeigt, dass die Gebäudeidee nicht der architektonischen Ordnung entspricht. Wenn ein Architekt beispielsweise sagt, dass sein Haus drei Wände oder Säulen haben werde, so ist hier die Rede vom architektonischen Ordnungssystem und nicht von der Idee. Wird ein Gebäude als „Haus mit drei Wänden" oder „Haus mit drei Säulen" beschrieben, so sagt das noch rein gar nichts über die formgenerierende Idee aus.

Damit kommen wir zur zweiten massgeblichen Qualität einer Idee: Sie muss sinnstiftend sein. Bisher wurde noch nicht gesagt, dass nicht alle Ideen es wert sind, weiter verfolgt zu werden. Es gibt gute und schlechte Gebäudeideen. Es ist jedoch sehr schwer, abstrakt (also ohne einen konkreten Gebäudeauftrag vor Augen) zu diskutieren, was eine gute Idee ausmacht. Insofern kann eine Diskussion darüber, was man abstrakt und ganz allgemein als gute Gebäudeidee bezeichnen könnte, nicht unser Ziel sein. Wenn ein Architekt beispielsweise erklärt, er wolle eine Kugel bauen, dann ist das nicht *per se* eine gute Idee, auch wenn die Kugel selbst eine Form hat und damit eine formgenerierende Absicht ausgedrückt wird. Vielmehr müsste dem Architekten auch bewusst sein, warum er diese

Kugel bauen will. Dann wiederum kann darüber diskutiert werden, ob die vorgebrachten Gründe gut oder schlecht sind. Ein anderes Beispiel hierfür haben wir oben schon erwähnt: Die Idee, ein „Haus mit drei Wänden" oder ein „Haus mit drei Säulen" zu erstellen, ist nicht nur nicht formgenerierend, es lässt sich darin auch noch keine Sinnstiftung erkennen.

In dieser Hinsicht muss eine kurze Bemerkung zur Etikettierung von Gebäuden als „formalistisch" eingeschoben werden. Es muss Folgendes klargestellt werden: Wenn ein Architekt eine bestimmte Idee hat und diese zu einer extravaganten oder ausdrucksreichen Form führt, etwa zu einer Kugel, dann ist das nicht notwendigerweise als Formalismus zu verstehen. Die Tendenz geht dahin, in einer Art Rundumschlag alles, das eine exaltierte Gestalt aufweist, als formalistisch zu etikettieren. Es ist wichtig, hier nicht nach den falschen Kriterien zu urteilen: Ob etwas als formalistisch zu bezeichnen ist oder nicht, hängt davon ab, ob die damit verbundene Idee sinnstiftend ist oder nicht. Ist die Idee unsinnig, dann ist das kugelförmige Gebäude formalistischer Natur; liegt eine sinnstiftende Idee zugrunde, so ist es nicht formalistisch. Ob ein Gebäude formalistisch ist oder nicht, hat also in erster Linie nichts mit seiner Gestalt zu tun. Auch sehr unscheinbare Gebäude können zu Formalismus neigen.

Zweifellos kann jedoch festgestellt werden, dass es Ideen gibt, die ins Leere zielen. Da es so gut wie unmöglich ist, ein gutes Gebäude auf der Basis einer schlechten Idee zu realisieren, muss ein Architekt zur kritischen Selbstreflexion fähig sein, damit er nochmals von vorne beginnen kann, wenn ihm bewusst wird, dass die Idee schlecht ist. Ein Gebäudekonzept ist sinnstiftend, wenn es eine Art von Erkenntnis oder Einsicht im Geiste des Bewohners bewirkt. Man könnte dies gleichsam als „Wahrheitsargument“ bezeichnen. Die Idee des Architekten muss von Anfang an ein gewisses „Erkenntnisgefühl“ umfassen. Wir legen hier nun einfach fest, dass die Idee generell *irgendeine* Art von Einsicht in sich bergen muss, etwas Sinnstiftendes, denn es ist unmöglich, alle Möglichkeiten aufzuzählen, wie eine solche Einsicht aussehen könnte. Das ist eine zugegebenermassen sehr breit und offen gefasste Definition. Dabei müssen wir es aber belassen, denn jeglicher Versuch, sie zu schärfen, würde all den Möglichkeiten an neuen sinnstiftenden Ideen nicht gerecht werden. Immerhin besteht Gewissheit darüber, dass eine Idee sinnstiftend sein muss, um die Vorstellungskraft der Menschen anzuregen. Ein Gebäudekonzept muss auf jeden Fall immer beides sein: formgenerierend und sinnstiftend.

Die Prinzipien der Nicht-Referenziellen Architektur

Erstes Prinzip: Raumerfahrung

Raumerfahrung ist das, womit eine Person konfrontiert wird und was sie fühlt, wenn sie einen Raum betritt oder ein Gebäude von aussen betrachtet. Diese Definition ist weitgehend anerkannt. Weniger gut durchgesetzt hat sich die Erkenntnis, dass die Raumerfahrung von Architekten konzipiert und geschaffen wird. Tatsächlich ist kaum jemandem mehr gegenwärtig, dass der Architekt die Raumerfahrung aktiv gestaltet. Es herrscht das weitverbreitete Missverständnis, dass jeder Mensch eine andere, völlig einzigartige Raumerfahrung mache. Dabei ist Raumerfahrung an sich nicht relativ. Raumerfahrung ist vielmehr objektiv, und zwar im Sinne einer subjektiven Universalität. Entwerfende Architekten sollten sich darüber im Klaren sein, dass diese besondere objektive Raumerfahrung mit Absicht geschaffen werden muss. Die Betonung liegt auf der Absicht. Wenn es dem Architekten an einer Absicht in Bezug auf den Raum mangelt und er keine Vorstellung davon hat, wie die Raumerfahrung sein soll, ist es höchst unwahrscheinlich, dass der Besucher oder Bewohner dieses Raums eine Raumerfahrung machen wird, die über die Ebene des Zufälligen hinausgeht. Wenn die Innen- und Aussenräume nicht darauf ausgelegt sind, bestimme Erfahrungen zu erzeugen – Erfahrungen, die unsere Imagination auf bestimmte Art und Weise stimulieren –, so wird der Besucher oder Bewohner eines solchen Raums keine andere Wahl haben, als sich mit seiner Fantasie in seine Privatsphäre zurückzuziehen oder zu tun, was

immer ihm in den Sinn kommt. Wenn das jedoch geschieht, ist die Erfahrung nicht mehr eindeutig. Die Erfahrung und daraus folgend die Imagination des Besuchers oder Bewohners werden damit vollkommen beliebig. Wir sind der Meinung, dass es relevant ist, welche Erfahrung ein Besucher oder Bewohner in einem bestimmten Raum macht. Diese Erfahrung basiert auf der Absicht des Architekten. Ein Architekt, der keine Absichten in Bezug auf den Raum hat, vernachlässigt das Potenzial, das ein architektonischer Raum für die Menschen birgt. Räume, denen keine Absicht zugrunde liegt, stellen einen Rückschritt hinsichtlich der Fähigkeiten der Architektur dar. Und das kann sicherlich nicht das Ziel bei einem Gebäude sein. Im Kontext der nicht-referenziellen Architektur muss der Architekt jedem Raum seines Gebäudes eine klare Raumerfahrung einschreiben, da er nicht mehr auf vorgefasste Ideen bauen kann.
Es ist notwendig, dass der Architekt Raumerfahrungen konzipiert. Er tut dies, indem er die physischen Gegebenheiten eines Raums präzise entwirft, und zwar mittels Form, Wänden, Säulen, Boden, Decke, Material, Licht, Textur, Akustik und allen anderen Elementen und Qualitäten, die die Sinne eines jeden ansprechen, der einen Raum betritt. Diese Forderung bringt mit sich, dass der Architekt schon vor dem Zeichnen eines Gebäudes eine Absicht haben muss. Er muss eine Idee für das Gebäude haben. Aus dieser Gebäudeidee kann er die Absicht für jeden einzelnen Raum ableiten. In anderen Worten: Der Architekt muss wissen, welche Art von Raumerfahrung der jeweilige Raum beim Bewohner erzeugen soll, bevor er ihn zeichnet. Damit dürfte hinlänglich klar sein, dass

Raumerfahrung nicht „einfach passiert", wenn ein Besucher oder Bewohner einen Raum betritt. Man könnte sagen, dass der Architekt eine Art These formuliert, wenn er einen Raum entwirft – sozusagen eine „Raumerfahrungs-These".

Eine wichtige Abgrenzung muss von Anfang an gemacht werden: Raumerfahrung ist nicht nur die körperliche Resonanz im Bauch des Bewohners – das viel beschworene „Bauchgefühl". Der Bewohner tritt dem Gebäude mit der Gesamtheit seiner Sinne entgegen, einschliesslich der kognitiven Fähigkeiten. Der Verstand ist Teil des physischen Apparats des Menschen. Gebäude werden nicht nur emotional, auf Gefühlsebene, erfahren – also nicht nur mit einem innerlichen Gefühl, sondern auch mit dem Verstand. Vielmehr ist das Denken Teil der physischen Erfahrung eines Gebäudes. Gebäude, die nur über Emotionen erfahren werden, vernachlässigen den ganzheitlichen Menschen, sie gewähren ihm kaum Spielraum für eine Teilhabe – man wird mit seinen Gefühlen allein gelassen. Folgender Aspekt der Architektur wird häufig missverstanden: Wird ein Gebäude emotional erfahren, so wird es als zugänglich erachtet. Das Gegenteil ist jedoch der Fall: Architektur, die vornehmlich auf Gefühlsebene erfahren werden soll, ist tatsächlich am wenigsten sozial. Eine solche Architektur tendiert zur Privatheit, sie schränkt ein und ist kaum interessant. Im Gegensatz dazu sollte Architektur die Menschen in ihren Bann ziehen, sie herausfordern und im wahrsten Sinne des Wortes begeistern. Um Menschen zu ergreifen, muss man auch ihren Verstand adressieren.

Wenn hier davon die Rede ist, dass Raumerfahrung nicht nur eine rein körperliche Reaktion ist, bedeutet

das nicht, dass es nicht auch eine phänomenologische Dimension im Kontext der Raumerfahrung gibt. Das möchten wir an dieser Stelle explizit betonen, weil der sogenannte phänomenologische Ansatz in Bezug auf die Architektur viel zu oft so missverstanden wird, dass der Architekt sich von seiner Verantwortung, eine Raumerfahrung zu bewirken, zurückziehen soll. Schreibende und Kritiker, die den phänomenologischen Deckmantel für sich beanspruchen, begreifen Raumerfahrung als etwas, das quasi *nachträglich* kreiert wird. Aufgrund ihrer hermeneutischen Überzeugung gehen sie davon aus, dass die Wahrnehmung nahezu vollständig ein Produkt des Geistes des Besuchers oder Bewohners ist. Es ist falsch, dass die Objekt-Subjekt-Beziehung zwischen Gebäude und Bewohner weitgehend nur im Kopf des wahrnehmenden Bewohners statthat. Raumerfahrung ist vielmehr etwas, das der Architekt mittels der physischen Gegebenheiten eines Raums bewirkt. Insofern ist der Architekt ein aktiver Gestalter der Raumerfahrung – und das mindestens im selben Masse wie der Besucher oder Bewohner.
In Bezug auf die Ausführungen oben muss einer wichtigen erkenntnistheoretischen Grundlage der Architektur wieder Geltung verschafft werden: Raumerfahrung möchten wir als ein „Grundgefühl" bezeichnen. Dieses Grundgefühl ist allen Menschen gemeinsam. Die Erkenntnis, dass die Raumerfahrung tatsächlich allen Menschen zu eigen ist, ist in jüngster Zeit weitgehend in Vergessenheit geraten. Dieser Umstand ist verantwortlich für den Eindruck, Raumerfahrung werde nicht vom Architekten erzeugt, sondern sei etwas, was jeder Bewohner mit sich selbst ausmache.

Raumerfahrung ist insofern ein Grundgefühl, als alle Menschen mehr oder weniger die gleichen Eindrücke haben, wenn sie denselben Raum betreten. Erkenntnistheoretisch sind diese „ungefilterten", unmittelbaren Eindrücke von den physischen Gegebenheiten des Raums zum grössten Teil dafür verantwortlich, welche Art von Raumerfahrung wir machen. Es ist nicht so, dass wir Räume nicht auch durch subjektive geistige und physiologische Filter interpretieren. Allerdings ist es ein Missverständnis zu glauben, dass diese subjektiven Assoziationen, die in jede Interpretation mit einfliessen, die Wahrnehmung grundlegend verändern, wenn wir einen Raum betreten. Wenn etwa ein Inuk, der sein gesamtes Leben in der zentralen Polarregion des Nordens verbracht hat, und ein Berber, der sein gesamtes Leben in der Sahara verbracht hat, denselben Raum betreten, so werden sie im Wesentlichen die gleiche Raumerfahrung machen. Wenn ein Inuk und ein Berber eine gotische Kathedrale betreten, so werden sie die gleiche erhebende Raumerfahrung machen, obwohl sie bislang noch nie einen solchen Raum gesehen haben und ihre jeweiligen Lebensumstände sie auch nicht auf ein solches Gefühl vorbereitet haben. Die Raumerfahrung, die sie machen, wird durch die verschiedenen physischen Qualitäten des räumlichen Arrangements verursacht, das sie vorfinden – Gestalt, Form, Material, Licht, Textur, Akustik und alles andere, das sich zur Gesamtheit eines Raums fügt. In anderen Worten: Die Gesamtheit der formalen Qualitäten ist grundlegend für die Raumerfahrung eines Menschen. Das bedeutet natürlich nicht, dass die Raumerfahrung bei allen Menschen absolut identisch ist. Die Erfahrungen, die eine Person gemacht hat, und ihr jeweiliger physischer Apparat sorgen für eine gewisse Variation, diese Abweichungen sind jedoch nicht massgeblich dafür, wie wir einen Raum erfahren. Wenn wir die Grundlagen der Architektur zu bestimmen suchen, so müssen wir unbedingt akzeptieren, dass Raumerfahrung für Menschen absolut fundamental ist.

Wenn wir die Raumerfahrung in einem Gebäude mit einem Film vergleichen, so könnte man jene interpretative Raumerfahrung, die auf den individuellen Erfahrungen einer Person und ihrem physischen Apparat beruht, mit Spezialeffekten gleichsetzen – und mit nichts weiter. Jedem ist klar, dass die Spezialeffekte für den Film als Ganzen nicht massgeblich sind, die Story und der Plot sind es jedoch schon. Die Spezialeffekte können variieren, aber sie verändern nicht die Story eines Films. Dieser Vergleich mit dem Film liefert ein wichtiges Merkmal von Gebäuden: Der Raumerfahrung wohnt eine bestimmte Logik inne, und diese ist Gegenstand der architektonischen Idee. Raumerfahrung ist nicht in erster Linie etwas, worüber wir zufällig und in quasi-animalischer Manier instinktiv stolpern – und wobei jeder dann diese Erfahrung auf seine ganz eigene Weise macht. Vielmehr liegt der Raumerfahrung, um eine weitere Analogie zum Film herzustellen, ein bewusst vom Autor des Films verfasstes Drehbuch zugrunde. Ähnlich dem Drehbuchautor beim Film fungiert der Architekt als „Autor" der Raumerfahrung.

Wird Raum mit allen Sinnen wahrgenommen – einschliesslich des menschlichen Verlangens nach einer Interpretation des Raums –, so kommen die vielen unterschiedlichen Besucher und Bewohner zu denselben Schlussfolgerungen. Sie werden den Raum alle sehr ähnlich erfahren. Diese These einer gemeinsamen Raumerfahrung können wir auch mit einem Beispiel aus der Musik untermauern. Es wird die These, dass Raumerfahrung ein Grundgefühl ist, bestens verdeutlichen. Räume und sogar ganze Gebäude sind in diesem Sinne musikalischen Kompositionen ähnlich. Die Art und Weise, wie zwei Menschen beim Anhören einer Bach-Sonate oder einer Symphonie von Beethoven empfinden, hat wenig damit zu tun, ob sie in der Arktis oder in einer afrikanischen Wüste aufgewachsen sind. Die Klangeindrücke, die diese Musikstücke vermitteln, werden das gleiche Grundgefühl bei beiden Zuhörern auslösen. Das trifft nicht nur auf diese beiden Zuhörer zu, sondern auf jeden, sofern die Komposition mit einer gewissen Sorgfalt vorgetragen wird, und zwar so, wie der Komponist sie intendiert hat. Wenn wir Beethovens Neunte hören, fühlen wir alle dasselbe. Das Gleiche gilt auch – um zur Architektur zurückzukehren – für den Taj Mahal. Bei Betrachtung dieses Gebäudes machen wir alle die gleiche Raumerfahrung.

Die psychologische und die physiologische Ästhetik (die im späten 19. Jahrhundert erstmals ausgearbeitet wurden) begreifen Raum und Form als „Rohmaterialien“ der Architektur. Beide schlugen vor, die Architektur von inhaltsschweren Bildern zu befreien. Ungewollt scheint die psychologische Ästhetik gleichzeitig nahezulegen, dass Raumerfahrung nicht für alle Menschen gleich greifbar und nicht allen gemeinsam ist. Das ist ein grosses Missverständnis. Diese unabsichtliche Degradierung der gemeinsamen Raumerfahrung ist nichts anderes als eine relativistische

Fehlinterpretation dessen, was tatsächlich als erkenntnistheoretische Aufwertung der Ästhetik durch die menschlichen subjektiven Fähigkeiten gedacht war. Sie zielte nie darauf, auf relativistische Weise die Verallgemeinerbarkeit von Erfahrung in Abrede zu stellen. Dieses Missverständnis möchten wir auflösen: Die berühmte Redewendung „Die Schönheit liegt im Auge des Betrachters“ war nie in dem Sinne gemeint, dass jeder Betrachter seine eigene Sichtweise hat. Was Immanuel Kant vielmehr meinte – in Auseinandersetzung mit den Worten des Thukydides –, war, dass Menschen ihre Augen benutzen sollen. Die Betonung liegt also auf der Nutzung der Augen – und nicht auf der Vielzahl von Interpretationen durch verschiedene Betrachter –, damit man sich anhand des Gesehenen ein Urteil bilden kann. Die Rede ist hier von einem subjektiven Allgemeingut. Dieses ist insofern subjektiv, als das Sehen von einem Menschen ausgeht; um ein Allgemeingut handelt es sich deshalb, weil das, was die Menschen sehen, tatsächlich gegeben ist, sozusagen objektiv, wenn sie ihre inhärente Fähigkeit zu sehen nutzen. Das Subjektive und das Relative sind zwei sehr unterschiedliche Dinge. Die relativistische „Wende“, wonach jeder Betrachter sieht, was er will, war nie so intendiert und zog ein grosses Missverständnis nach sich, das unter anderem auch Konsequenzen für die Architektur hatte. Mit Blick auf die Raumerfahrung in der Architektur bedeutet „subjektives Allgemeingut“: Sofern sie sich in ausreichendem Masse mit allen Sinnen auf einen Raum einlassen, werden die diversen Betrachter, also die Besucher und Bewohner, in Bezug auf diesen Raum alle zum selben Schluss kommen. Die meisten betrachten den

Begriff „subjektives Allgemeingut“ jedoch als einen inneren Widerspruch. Dass es ein subjektives Allgemeingut wirklich gibt, legitimiert, dass das Potenzial der Architektur zur Erzielung einer bestimmten Raumerfahrung genutzt wird, die von einem Architekten konzipiert wird. Geschieht dies nicht, so werden die Potenziale von Räumen, Gebäuden und der Architektur nicht zur Gänze ausgeschöpft.

Die obigen Ausführungen belegen, dass Raumerfahrung keine Frage der Erziehung ist. Vielmehr ist sie grundlegender Natur und bei allen Menschen gleich. In der Einführung haben wir uns auf Alberto Giacomettis Aussage, das Beste an seinen Skulpturen sei, dass man sie anfassen könne, berufen. Wir haben konstatiert, dass diese Unmittelbarkeit – also dass man Räume physisch erfahren kann – auch das Beste an Gebäuden sei. Im vorliegenden Kontext bedeutet das auch, dass ein hochgebildeter Astrophysiker ungefähr dasselbe spürt, wenn er einen Raum betritt, wie jemand, der niemals irgendeine Art Schulbildung genossen hat. Wer jemals die Reaktionen der Menschen beobachtet hat, die die in der Provence gelegene Abtei von Le Thoronet betreten, kann das bestätigen, denn es ist nicht davon auszugehen, dass all jene Besucher Astrophysiker sind. Raum erfahren zu können, ist keine intellektuelle, sondern eine grundlegende Fähigkeit, die allen Menschen eigen ist, unabhängig von ihrem Bildungsstand. Raumerfahrung ist zwar ein Grundgefühl, sie entsteht jedoch insofern im Menschen, als sie eine Sinneserfahrung des menschlichen Verstands und Gefühls ist. Die Raumerfahrung wurzelt im einzelnen Subjekt, wie die psychologische und die physiologische Ästhetik gezeigt haben, und dennoch

erzeugt ein bestimmter Raum bei allen Menschen, ungeachtet ihres Bildungshintergrunds und ihrer kulturellen Prägung, denselben Widerhall.
Für den kreativen Prozess ist auch von Bedeutung, dass ein Architekt weiss, welche Art von Raum er entwerfen möchte. Er muss wissen, um welche Art von Raum es sich handeln soll, bevor er die erste Skizze anfertigt. Die Konzipierung der Raumerfahrung darf nicht als ein Suchen nach dieser Raumerfahrung missverstanden werden. Sicherlich mag mehr als ein Ansatz nötig sein, um zur korrekten Ausformulierung eines Raums zu gelangen, mit der die vom Architekten erdachte Raumerfahrung erzielt wird. Doch der Entwurfsprozess eines Architekten, der sich dessen bewusst ist, welche Qualitäten dieser Raum haben soll, ist keine Suche nach Lösungen. Vielmehr geht es bei diesem Prozess nur noch um die korrekte Umsetzung der Idee. Weiss ein Architekt hingegen nicht, welche Qualitäten ein Bau haben soll, so ist sein Entwurfsprozess gleichsam eine Suche, die geprägt ist von der Hoffnung, etwas zu schaffen, das gefällt – wenn auch in solch einem Fall der Architekt im Entwurfsprozess sich selbst nicht wirklich sicher ist, was das sein könnte. Letzterer Ansatz ist nicht ratsam. Und doch ist er unglücklicherweise an viel zu vielen Architekturhochschulen gebräuchlich und wird als legitime Entwurfsmethode gelehrt. Es ist vollkommen abwegig, dass Architekten ausgehend von einer mehr oder weniger unentschlossenen Skizze in einer additiven Vorgehensweise einen Raum entstehen lassen, woraus dann schliesslich irgendeine Art von Raumerfahrung resultiert. Dieses Verfahren ist lediglich eine quasi-animalische oder – um an den englischen

Modebegriff des „incidental" anzuknüpfen – „absichtslose" Art und Weise, Raumerfahrung zu erzeugen. Quasi-animalisch ist sie insofern, als man eher in das hineinstolpert, wohin diese absichtslosen Räume führen. In diesem Fall könnte man einfach von „gefundenen" Räumen und demgemäss von einer „gefundenen" Raumerfahrung sprechen. Dieses Vorgehen ist konträr zu einem erdachten Raum, der auf einer Idee und einer beabsichtigten Raumerfahrung basiert.
Zwei weitere wichtige Merkmale der Raumerfahrung sollten kurz angesprochen werden: Man muss sich dessen bewusst sein, dass Räume in einer Beziehung zu anderen Räumen stehen – das ist vergleichbar mit einer Symphonie, die sich üblicherweise aus einer Reihe von Sätzen zusammensetzt. Räume und ihre Beziehung zu anderen Räumen innerhalb eines Gebäudes können mit solchen Sätzen verglichen werden. Sie sind Teil eines grösseren Ganzen, besitzen aber auch eine relative Unabhängigkeit. Betritt man einen Raum eines Gebäudes, so hat man die anderen Räume in der Regel auch im Bewusstsein und versucht, eine kontinuierliche Wechselbeziehung zu erzeugen. Eines der Hauptthemen der modernen Architektur ist der Versuch, uns dazu anzuregen, angesichts der Wechselbeziehungen zwischen Räumen Konsonanz in unseren Köpfen herzustellen. Bemühen wir nochmals die Analogie der Symphonie: Es ist der Versuch, alle Sätze in einer durchgängigen Komposition zu verbinden, um die Ganzheit des Stücks zu manifestieren. Nicht-referenzielle Architektur widersetzt sich natürlich nicht *per se* dem Ziel, irgendeine Art von Ganzheit, Einheit, Totalität zu erreichen. Wir sind jedoch nicht auf eine übereinstimmende Konsonanz angewiesen,

um die Gesamtheit zu manifestieren – das wäre ein unhaltbares und zu einfaches Modell für die nicht-referenzielle Welt, wie wir sie heute kennen. Wir wissen zwar, dass die Welt als solche eine Einheit ist, doch ist es schwer, alle gegenständlichen Dinge unserer Welt – die Rede ist unter anderem von Gebäuden – einer einzigen gemeinsamen Regel zu unterwerfen. Überträgt man diese Einsicht, dass nicht alles einer einzigen Regel – nicht misszuverstehen als Idee – untersteht, auf die Architektur, so birgt es etwa keinerlei Vorteil für unsere Raumerfahrung, wenn alle Räume einem strukturellen Ordnungssystem unterliegen, das auf eine Konsonanz zielt. Die beiden Räume des Tempels von Mitla, die in der Einführung beschrieben wurden, könnte es so nicht geben, wäre die Massgabe Konsonanz gewesen. In der nicht-referenziellen Architektur sind Räume bewusst voneinander „abgeschnitten", damit im Kopf des Bewohners keine oder nur wenige Konsonanzen hergestellt werden können. Nicht-referenzielle Architektur strebt nicht nach Konsonanz. Vielmehr erfordert sie zwischen den Räumen einen Bruch im Sinne einer Zäsur *(caesura)*. Unter einer *caesura* versteht man einen bewussten Bruch im Verlauf der räumlichen Erfahrung, eine Art Unterbrechung, die eine deutliche Grenze zwischen zwei räumlichen Konfigurationen markiert. Im Gegensatz zum Paradigma der Konsonanz erfolgen Veränderungen bei den Raumkonfigurationen in diesem Fall nicht allmählich, sondern abrupt. Derartige *caesurae* erzeugen Widersprüche, und diese bleiben einem präsent, wenn man von Raum zu Raum geht. In solchen Momenten ist Raumerfahrung kein reines „Bauchgefühl", sondern sie beinhaltet die Erinnerung an alles, was wir bereits gesehen und gefühlt haben, seitdem wir das Gebäude betreten und seine Räume durchstreift haben. Eine solche Raumerfahrung spricht die kreative Vorstellungskraft des Menschen an und ist damit mehr als nur instinktiv und gegenwartsverhaftet. Solch eine Raumerfahrung regt spekulatives Denken an. Selbst wenn ein Bewohner das Gebäude gut kennt, legt ihm eine solche Raumerfahrung nahe, seine Lebensrituale immer wieder aufs Neue zu erschaffen und zu ordnen. Eine solche Raumerfahrung ruft nach einer ständigen Neuerschaffung des täglichen Lebens – der vermeintlich grundlegendsten und alltäglichsten Verhaltensweisen und Verrichtungen. Eine solche Aufforderung, den Alltag nach Massgabe der Raumerfahrung grundlegend immer wieder neu zu erschaffen, macht solche Räume nicht-referenziell, da sie unabhängig sind von vorgefertigten Bildern, von Traditionen, Gewohnheiten und moralischen Fragen. Es geht um eine immer wiederkehrende grundlegende Neuerschaffung unserer Lebensrituale und damit um einen Akt der Befreiung.

Abschliessend – und das ist der zweite Punkt – muss gesagt werden, dass Raumerfahrung nicht nur unabhängig von einem bestimmten Gebäudematerial ist, sie ist auch unabhängig von Bildern und gewissen Formen. Der Architekt muss festlegen, welche Art Raumerfahrung erzeugt werden soll. Er muss zum Beispiel entscheiden, ob der Raum introvertiert oder extrovertiert sein soll – und derartige Qualitäten sind material- und formunabhängig. Wenn ein Architekt einen extrovertierten Raum erstellen möchte, so kann er das mit jedem Material und in jeder stilistischen Sprache. Insofern ist die Wahl des Materials für ein

Gebäude im Hinblick auf die Raumerfahrung eine persönliche, die vom Architekten allein getroffen wird. Der Architekt sollte im Hinblick auf die Raumerfahrung jedoch hinreichend Komplexität erwägen. Das kann mit jeglicher Materialisierung erreicht werden. Von Vorteil ist aber, wenn eine solche hinlängliche Komplexität durch ein im Raum – oder besser noch im gesamten Gebäude – vorherrschendes Material (etwa Stahlbeton oder Holz) erzielt wird. Wenn man die Mittel, mit denen man einen Raum oder ein Gebäude erschafft, bestimmt – und damit begrenzt –, so ist das Resultat eine komplexere Raumerfahrung.

Zweites Prinzip: Ganzheit

Ganzheit hat Auswirkungen auf die räumliche Konzeption in der Architektur. Und zwar sind Aussen- und Innenräume von Gebäuden Gegenstand einer „Architektur der Teilung". Sie sind das Gegenteil von Räumen, die sich aus einer Addition geometrischer Formen ergeben. Ganzheit kann unmöglich mittels einer additiv-kompositorischen Methode erreicht werden. In anderen Worten: Ganzheit kann nicht aus Teilen entstehen. Die einzige Möglichkeit, zur Ganzheit zu gelangen, ist, vom Ganzen auszugehen. Zur Erzielung von Ganzheit ist es erforderlich, das Gebäude als ein System zu begreifen. Ein solches System unterwirft sich der diesem einen Gebäude zugrunde liegenden Idee. Möchte man aufzeigen, dass ein Gebäude eine Ganzheit ist, so ist es dienlich, die Architektur in zwei Gruppen einzuteilen. Die eine Raumkonzeption versteht den Raum als Ganzes und unterteilt diesen dann, bis er als Gebäude stimmig ist. Der andere Ansatz beginnt mit nichts und setzt das Gebäude aus diversen Teilen zusammen. Die erstere Strategie repräsentiert eine „Architektur der Teilung", letztere eine „Architektur der Hinzufügung". Wir haben es hier mit zwei grundlegend unterschiedlichen Konzeptionen, Raum zu entwerfen, zu tun, und selbstverständlich sind diese beiden Ansätze nicht von gleichem architektonischem Wert. Lediglich die erste Art und Weise ermöglicht Ganzheit. Zudem: Nur der erstere Ansatz wird nicht-referenzieller Architektur gerecht.

Solange die Gesellschaft eine relativ gefestigte Weltsicht hatte – man könnte auch sagen, solange wir davon ausgingen, dass unsere Welt einer Art Zentrum

entsprungen ist –, war es überhaupt kein Thema, dass Gebäude als Ganzheit entworfen werden müssen. Ganzheit – was nicht zwangsläufig Einheitlichkeit entspricht – wurde erst erforderlich, als die Überreste der gemeinsamen gesellschaftlichen Werte in die polyvalente und nicht-referenzielle Welt übergingen. Während Gebäude, die als Ganzheit gedacht waren, schon immer formal jenen additiv-kompositorisch konzipierten überlegen waren, war es dennoch möglich, Bauten aus additiven Teilen zu entwerfen. Die Gebäude mussten keine Ganzheit sein, da der gesellschaftliche Rahmen, innerhalb derer diese Gebäude existierten, genügend konsolidiert war, um als Halt zu dienen. Die Existenz eines Gebäudes liess sich rein über seine Zugehörigkeit zur einen oder anderen Ideologie legitimieren. Gebäude hatten einen gesicherten Platz in der Welt, weil sie mehr oder weniger ein referenzieller Ausdruck der gemeinsamen Wertvorstellungen jener Gesellschaft waren, die in ihnen lebte. Heute steht jedes Gebäude für sich selbst. Räumlich und ideell hat man heute keine andere Wahl, denn Gebäude als Entitäten zu entwerfen, die gleichzeitig alles umfassen und unendliche Möglichkeiten eröffnen – als Ganzheit.
Was ist damit gemeint, wenn wir sagen, dass ein Gebäude eine Ganzheit sein muss, die alles enthält und unendliche Möglichkeiten bietet? Wenn wir von einem Gebäude sprechen, das alles enthält, so referenzieren wir damit auf ein Gebäude, das formal ein vollständiges organisches Ganzes ist, in dem jedes Element einer übergeordneten Gebäudeidee untersteht. Es ist das, was wir mit unseren Sinnen ausserhalb und innerhalb des Gebäudes physisch erfahren: die Wände, Böden, Decken, Öffnungen, Materialien, Konstruktion.

Ein Gebäude muss seine Form dieser einen Idee unterstellen. Das ist ein Aspekt, der ein Gebäude zu einer Ganzheit macht. Zum anderen wird ein Gebäude zu einer Ganzheit durch seine Möglichkeiten, Sinn zu stiften. Diese beiden Aspekte hängen insofern zusammen, als die jeweilige Raumerfahrung die betroffene Person auch über diese Möglichkeiten zu Kreativität anregt. Derartige Möglichkeiten implizieren Raum. Ein Gebäude ist eine Ganzheit, wenn eine Beziehung besteht zwischen den physisch vorhandenen Räumen und den Möglichkeiten, sich selbst in der Sphäre des Metaphysischen zu entfalten.

Im Hinblick darauf, dass ein Gebäude den Menschen auch metaphysisch berühren soll, wurde in der Einführung gesagt, dass die besten Gebäude den Diskurs zwischen dem „Hier" und „Dort" und zwischen dem „Ich" und dem „Unbekannten" befeuern. Mit anderen Worten: Die besten Gebäude nähren den Diskurs zwischen der Präsenz eines einzelnen menschlichen Wesens, das einen Raum für sich einnimmt, und seiner simultanen Inbesitznahme des endlosen Raums, den wir Universum nennen. Da wir als Gesellschaft hart dafür gekämpft haben, jegliches Fundament und Firmament zwischen diesen beiden Polen auszulöschen, ist es nun an unserer unmittelbaren Behausung, in dieser nicht-referenziellen Welt zwischen den beiden Polen zu vermitteln. Im Zuge all der gesellschaftlichen Veränderungen ist nur eines gleich geblieben, nämlich dass unsere Existenz nicht nur physisch, sondern auch metaphysisch des Schutzes bedarf. Martin Heidegger sagte einst: „Das Werk stellt [...] eine Welt auf." Wenn wir also konstatieren, dass ein Gebäude eine Ganzheit sein muss, so schützen die Räume, die ein Architekt entwirft, den Bewohner nicht nur vor Regen und Sonne, sondern sie erlauben es ihm auch, sich in der vergänglichen Welt ein Zuhause zu schaffen, das metaphysischer Art ist. Dass nicht nur Philosophen so denken, wird klar mit Blick auf Barnett Newman, der einst äusserte: „Das Leben ist physisch, aber es ist ebenso metaphysisch – nur wer die Metaebene versteht, kann die physische begreifen." Das ist auch *die* Aufgabe der Architekten. Der architektonische Raum ist wohl nicht nur die offensichtlichste architektonische Form, sondern das Bewohnen von Räumen ist sicherlich auch eine der grundlegendsten und gemeinschaftlichsten Erfahrungen des Menschen. Der Raum war immer schon da. Räume erlangen ihre herausragende Position dadurch, dass Menschen in ihnen wohnen. Und da nahezu alle Menschen wohnen, findet der Architekt hier die Grenzen für den Raumentwurf: in der gleichzeitigen Präsenz von Universum und Ich. Raum auf diese Weise zu entwerfen, ist an sich nicht neu. Der Begriff „Raum" impliziert etymologisch bereits eine holistische Ganzheit. Das Wort „Raum" stammt vom mittelhochdeutschen „rûm" ab und geht wie der englische Begriff „room" auf das lateinische Wort „rus" zurück, das einfach offenes Land bedeutet – kurzum: das Universum. Variationen der Beziehung zwischen den Begriffen „Raum" und „offenes Feld" sowie der Herstellung von Raum gibt es in vielen anderen Sprachen. Entwirft man also einen „Raum" für ein Gebäude, so erschafft man zur gleichen Zeit einen „Platz" für sich in der Welt. Einen Raum zu entwerfen, ist zum einen ein grundlegender technologischer Akt und zugleich der originäre Akt, unsere metaphysische Heimatlosigkeit zu überwinden. Das sind zweifelsfrei zeitlose Bestrebungen der Architektur. Was jedoch neu ist in jüngster Zeit, ist die Tatsache, dass ein Gebäude kein Symbolbild mehr sein kann, das die metaphysische Aufgabe übernimmt, uns mit den sogenannten höherrangigen Belangen von Religion, Politik und Wissenschaft – um nicht zu sagen Glauben, Ethik und Logik – zu verbinden. Ein solches Delegieren war bis vor Kurzem noch möglich. Doch hinsichtlich dieser Vermittlerfunktion haben Räume ihre Macht verloren. Heute müssen sie selbst die Kreativität ihrer Bewohner anregen. Das ist ihnen möglich, weil Raumerfahrung ein Grundgefühl ist, das vor jeglichem Begreifen steht. Das ist die unumstrittene Macht von Räumen, die sich in Wänden, Böden, Decken und Öffnungen manifestiert. Ein Raum ist jedoch immer auch – und das ist die Begründung für das Prinzip der Ganzheit, die sich vom physischen bis zum metaphysischen Bereich erstreckt – ein geistiger Zustand. Ein Raum ist ein Ort, an dem man mit seinen Gedanken allein ist. Es ist ein Ort, an dem man ganz bei sich ist.

Wie bereits dargelegt, gibt es verschiedene Arten, Raum zu entwerfen. Tatsächlich stellt das Streben nach Ganzheit die vorherrschende Entwurfsmethode, die Raum als additive Zusammenfügung von Teilen versteht, infrage. Es wurde bereits darauf hingewiesen, dass die „Architektur der Hinzufügung" eine kompositorische Entwurfsmethode ist. Darüber hinaus ist eine solche additiv-kompositorische Entwurfsmethode auf eine grundlegende Art und Weise höchst geometrisch – und zwar nicht nur in der Hinsicht, dass sie in der Architektur geometrische Formen komponiert, sondern auch im Hinblick darauf, dass sie auf eine Entweder-oder-Logik von Denken und Vorstellen hinausläuft. Im Bereich der Philosophie gibt es wie bei unserem generellen Verständnis der Dinge die Tradition, ein Konzept als eine Art von Klassifizierung zu denken, wenn es darum geht, einen Begriff zuzuordnen. So wird „weiss" etwa allen möglichen weissen Dingen zugeordnet, und der Begriff „Tisch" verweist auf alle möglichen Tische. Damit wird jedoch alles auf Abgrenzung reduziert: Man bewegt sich entweder innerhalb oder ausserhalb des Begriffsbereichs. Diese Vorgehensweise ist auf grundlegende Weise geometrisch. Sie vermittelt nicht nur dem Metaphysiker, sondern allen Menschen, dass aussen und innen von Natur aus existieren, obwohl das nicht der Fall ist. Diese Vorgehensweise operiert zudem mit Teilen, obwohl nur eine Ganzheit vorhanden ist. Wir schliessen daraus, dass eine solch geometriebasierte Logik einem Raumentwurf, der auf Ganzheit abzielt, keineswegs dienlich ist. Es muss hier eingeworfen werden, dass diese geometrisierende Vorgehensweise eine spezifische und nicht selbstverständliche Form der Raumkonzeption ist, auch wenn sie in der Moderne eine überwältigende Präsenz entwickelte und sich die meisten Menschen – und vielleicht auch Architekten – nicht vorstellen können, Raum anders zu entwerfen. Dass es zu jeder Zeit alternative Wege gab, Raum zu entwerfen, auch wenn kein anderer Modus gangbar schien, zeigen einige der grössten Meisterwerke der Architektur, die sich nicht auf eine geometrisierende Logik zurückführen lassen. Es kommen einem etwa Francesco Borrominis Gebäude in den Sinn oder aber das Gesamtwerk von Ludwig Mies van der Rohe. Die Architektur dieser beiden Architekten hat wenig mit Geometrie zu tun. So lässt sich beispielsweise keine grundlegende Lehre aus der Analyse von Mies' Barcelona-Pavillons ziehen, wenn man sich ihm auf der Suche nach kompositorischen Prinzipien mit einer geometrisierenden Denkweise annähert, denn das Gebäude ist geprägt von Widersprüchen, die dieser Logik und der damit verbundenen Art, Raum zu entwerfen, zuwiderlaufen.

Dass die nicht-referenzielle Welt eine neue Herangehensweise an das Konzipieren von Raum erfordert, ist nicht aus der Luft gegriffen. Eine der ersten Herausforderungen war mit dem philosophischen Ansatz der Phänomenologie verbunden. Der phänomenologische Diskurs in der Architektur machte den orthodoxen Modernismus verantwortlich für eine Art der Organisation architektonischen Raums, die zu einem „Seinsverlust" geführt habe, und begegnete dem mit einer „bewohnbaren Geometrie". Diese Herausforderung der Orthodoxie verlangte nach Räumen, die eher auf Erfahrungen beruhen, die direkt stimulieren, statt sich auf abstrakte Begründungen wie geometrische Regeln zu stützen, welche von ihren Bewohnern tendenziell als zu fremd wahrgenommen werden. Da sich aus einer solchen Kritik nur schwer Vorgaben für die Praxis ableiten liessen, wurde die architektonische Phänomenologie seitens der Architekten einfach als Allheilmittel gegen die vermeintliche „Kälte" funktionalistischer Architektur mit ihrer Tendenz zu Nutzen und Effizienz verstanden. In Reaktion darauf schlugen die Architekten einen vermeintlich phänomenologischen Ansatz vor, der Taktilität befördern sollte. Während dies eine Teilantwort auf die Tatsache war, dass die subjektive Reaktion auf die objektive Präsenz architektonischen Raums ein Grundgefühl ist, das vor jeglicher analytischen Kategorie existiert, wurden Gebäude zunehmend als Ansammlungen unterschiedlichster Materialien entworfen – als eine Art von dreidimensionaler Collage –, bestehend aus vorübergehenden Narrationen, um die vermeintlich gleichförmige und exklusive moderne Architektur zu überwinden.

Darin gründete die These, dass unsere gegenwärtige Welt einer Methode bedarf, in welcher widersprüchliche Bedeutungen nebeneinander bestehen können – ein Denkmodell, das als Dekonstruktivismus Bekanntheit erlangte. Peter Eisenman eröffnete einen Diskurs darüber, was das für die Architektur bedeuten könnte. Er sprach sich für eine architektonische Form aus, die eine vollständige Ersetzung der Semantik durch Syntax bedingt, was es uns erlauben würde, die Form einfach innerhalb einer Matrix von Differenzen wahrzunehmen.

Es ist nun ein halbes Jahrhundert her, dass der Dekonstruktivismus in unseren Diskurs eingeflossen ist. Seine Erkenntnisse wurden von der Gesellschaft weitgehend absorbiert, ohne dass man sich dessen bewusst wäre. Der Einfluss des Dekonstruktivismus auf unsere heutige nicht-referenzielle Welt ist immens. Im Hinblick auf Raumvorstellungen in der Architektur war jedoch auch der Dekonstruktivismus wenig erfolgreich. Auch wenn die Erkenntnisse des Dekonstruktivismus aufgezeigt haben, dass unsere Art, Raum zu entwerfen, zu sehr auf unangemessenen Reduzierungen beruht, strebten seine architektonischen Bauteile letztlich nicht nach jener Ganzheit, welche die ihm zugrunde liegende Theorie nahelegte. Tatsächlich blieb der Dekonstruktivismus in Bezug auf räumliche Konzeptionen geometrisierenden Mustern absolut treu – ungeachtet der Tatsache, dass er grosse Anstrengungen unternahm, Räume mittels deformierender Massnahmen zu verschieben und zu überlagern. Es lässt sich darüber spekulieren, warum das der Fall war. Möglicherweise hat gerade die Verlockung der neuen Werkzeuge und Instrumente, namentlich die Möglichkeit, mittels vektorbasierter Kalkulationen neuer Computeranwendungen dreidimensionale gebogene Oberflächen zu schaffen, letztlich den Durchbruch verhindert. Während die Befürworter zu der Aussage neigten, die Dekonstruktion habe anders mit Raum umzugehen, betonten im Endeffekt ihre didaktischen Experimente den Bruch der Ganzheit in der Architektur und nicht die Ganzheit an sich. Es zeugt jedoch von der übergreifenden Strömung der polyvalenten, nicht-referenziellen Welt, dass die architektonischen Theorien – selbst wenn sie aus gegensätzlichen Richtungen wie Phänomenologie und Dekonstruktion stammen – letztlich alle auf dasselbe abzielen: die Aufhebung der Reduktion von Raumerfahrung, wie sie einem geometrisierenden System innewohnt und durch Klassifikationen nach Art eines „entweder so oder so" Gestalt erlangt. Das Aufkommen der vollkommen polyvalenten und nicht-referenziellen Welt hat alles grundlegend verändert: Die architektonische Phänomenologie und Dekonstruktion verschrieben sich der Bedeutung. Nicht-referenzielle Architektur hat jedoch nicht mit Bedeutung zu tun – sondern vielmehr mit Möglichkeiten.

Dass ein Gebäude räumlich als Ganzheit wahrgenommen wird, hat direkte Auswirkungen darauf, wie es in jeglicher Hinsicht existiert, einschliesslich seiner Form, seiner Konstruktion und der Materialien, mit denen es erstellt wurde. In erster Linie existiert das

Gebäude im Falle nicht-referenzieller Architektur aber für sich, und zwar insofern, als wir behaupten können, dass es in der Welt „aufgeht". Gebäude veranschaulichen nicht länger Ideale, im Gegenteil: Die Räume eines Gebäudes konstruieren unser Leben und damit auf eine grundlegende Art und Weise unsere Welt. Infolgedessen avancieren die Gebäude der nicht-referenziellen Architektur – gerade weil sie sich nicht auf ausserarchitektonische Bedeutungen berufen können – zu Absolutheiten. Das erklärt, weshalb am Anfang eines Gebäudes eine Idee stehen muss. Im Hinblick auf seine physikalische Präsenz macht die Idee das Gebäude zu einer Ganzheit. Alles am Gebäude ist dieser einen übergeordneten Idee unterworfen. Einfach gesagt: Ein Gebäude wird als ein Ding konstruiert und erscheint auch als solches; idealerweise geschaffen ohne konstruktive Verbindungen, ohne Einzelteile und nur aus einem Material. Ein Gebäude als Ganzheit zu betrachten, befreit es formal, materiell und konstruktiv von jenen festgefahrenen semantischen Konnotationen, die wir Gebäuden und Räumen üblicherweise zuschreiben. Plötzlich werden Fragen, die nicht mehr rein funktionaler oder konstruktiver Art sind – „Was ist innen?", „Was ist aussen?", „Was ist oben?", „Was ist unten?" –, grundlegend für die Architekten. Diese Fragen zu Gebäuden und ihren Räumen, der Art und Weise, wie sie gebaut werden, bereiten am ehesten den Boden für etwas Neues, das frei ist von Referenzen, Bildern und Symbolen – mit anderen Worten: nicht-referenziell.

Eine der Implikationen dessen, Räume auf diese Weise zu konzipieren, ist die Befreiung von der Stilarchitektur. So werden Dinge wie die traditionelle Fassadendreiteilung in Sockel, Mittelteil und Dachfries oder die verschiedenen Grade der Fassadenrustizierungen als Relikte dessen entlarvt, was sie heute letztlich nur noch sind: Ausdruck einer Theorie des Ornaments, basierend auf nicht mehr existenten semantischen Konnotationen. Ob ein Gebäude eine Ganzheit ist, hängt vielmehr davon ab, wie die Wände und Decken gebaut wurden. Wenn ein Gebäude nicht als Collage erscheinen soll, liegt der Schwerpunkt nicht auf dem Ausdruck konstruktiver Massnahmen, die Grenzen und Schwellen schaffen. Tatsächlich sind Wände nichts anderes als ein Rahmen, der als eine Art ideelles Gerüst des Raums dient. Ein solches Verständnis von Wänden und Decken impliziert zwar nicht zwingend, dass beide Seiten dieser Gebäudeelemente identisch auszubilden sind, im Idealfall ist es jedoch so. Zudem ist es der Einheit eines Gebäudes zuträglich, wenn alle seine Wände und Decken dieselbe Dicke aufweisen. Was auf die Erscheinung der Wände eines Gebäudes zutrifft, gilt ebenso in der Vertikalen: Wenn alle Stockwerke dieselbe Höhe haben, wird das Gebäude als Ganzheit wahrgenommen und nicht als etwas, das sich aus einzelnen Stockwerken zusammensetzt. Unterscheiden sich die Raumhöhen von Erd- und Dachgeschoss von jenen in den restlichen Stockwerken, so wirkt das Gebäude zusammengesetzt. Unterschiedliche Raumhöhen sind auch insofern nicht erstrebenswert, als sie zeigen, dass das Gebäude nach funktionalistischen Massstäben erbaut wurde und nicht auf der Basis einer generellen Formidee.

Lange währende Kompositionsideale und Ornamenttheorien wie jene der sogenannten klassischen Ordnung oder auch der Tektonik haben ausgedient. Die

Art und Weise, wie Raum konstruiert ist, zielt nicht mehr auf irgendeine Form der Architektursprache ab, die auf Referenzen, Bildern oder Symbolen beruht. In den Vordergrund gerückt ist vielmehr die Präsenz des Gebäudes unter rein physischen Gesichtspunkten. Was für die Befreiung von den feststehenden semantischen Konnotationen etwa der klassischen Ordnung oder der Tektonik gilt, gilt auch für den Einsatz von Materialien beim Bau eines Gebäudes. Um ganzheitliche Gebäude zu erhalten, müssen auch die Materialien und Konstruktionstechniken von ihrem Ballast befreit werden, etwa von der Festlegung, welche Materialien im Inneren und welche für das Äussere eines Gebäudes verwendet werden sollten. Natürlich gibt es sinnvolle praktische Erwägungen zum Einsatz der Materialien, die auf deren speziellen Eigenschaften basieren. Allerdings sind diese Bestimmungen nicht so fest, wie man annehmen könnte. Auch ist es nicht besonders vorteilhaft, sie in Bezug auf Gebäude, die bei den Bewohnern in unserer nicht-referenziellen Welt einen Widerhall erzeugen sollen, als gesetzt anzusehen. Die meisten Materialien und Bauweisen sind wesentlich vielseitiger verwendbar, als es üblicherweise praktiziert wird. Die Art und Weise, wie wir Wände, Decken und Dächer konstruieren, ist mindestens genauso sehr auf semantische Traditionen zurückzuführen wie auf die Prinzipien der technischen Machbarkeit. Wir haben bereits oben formuliert, dass die Ersetzung der Semantik durch Syntaktik den Menschen der nicht-referenziellen Welt die Möglichkeit bietet, sich in diesen Gebäuden ihre eigenen Gedanken zu machen.

Drittes Prinzip: Neuheit

Nur ein neuartiges Gebäude – also eines, das für eine Person etwas von einer bislang so nie da gewesenen Qualität verkörpert – vermag es, die Vorstellungskraft der Menschen zu stimulieren und zu fesseln. Bei der Neuheit geht es um die Neuartigkeit einer grundlegenden erfahrbaren Erkenntnis im formalen architektonischen Sinne. Wir sind absolut der Meinung, dass Architektur nach Neuheit streben muss. Ist ein Gebäude gut konzipiert, mit grosser konstruktiver Kompetenz und Geschicklichkeit erstellt sowie in technologischer Hinsicht womöglich auch noch innovativ, doch wohnt ihm nichts Neuartiges inne, so ist es lediglich Handwerk. Doch Handwerklichkeit reicht, selbst wenn das Resultat herausragend ist, nicht aus, um die zentrale soziale Aufgabe der Architektur zu erfüllen: die Menschen in einen Dialog und Diskurs treten zu lassen und ihre Kreativität zu wecken.

Keinem Gebäude in der nicht-referenziellen Welt, das nicht irgendwie neuartig ist, wird es gelingen, Menschen anzuregen. Insofern hat sich bis heute nichts verändert. Neuheit war für die Architektur immer schon von Bedeutung. Gebäuden, die die Vorstellungskraft der Menschen beflügeln, wohnt immer etwas Neuartiges inne. Neuheit war schon immer ein erstrebenswertes Ziel der Architektur, sie hat aber in unserer nicht-referenziellen Welt noch an Bedeutung hinzugewonnen. Und zwar auch deshalb, weil Gebäuden in einer nicht-referenziellen Welt nichts anderes übrig bleibt, als unabhängig und für sich zu existieren. Unabhängigkeit bedeutet aber nicht, dass ein Gebäude ein Solitär ist, sondern es geht vielmehr darum, in welcher Art und Weise ein Gebäude unsere Lebensweise und -qualität beeinflusst. Ein Gebäude muss heute unabhängig für sich existieren können, weil es sich nicht mehr auf irgendwelche Ideologien berufen kann – schliesslich sind solche Ideologien für die Menschen heute nicht mehr glaubhaft, und es mangelt ihnen daher an verbindender Kraft. Aus diesem Grund müssen Gebäude, mehr als je zuvor, unabhängig für sich bestehen können – und hierzu bedarf es eines gewissen Masses an Neuheit. Über diese Neuheit werden sie befreit und unabhängig. Mit dieser Neuheit fesseln sie Menschen. Und nicht zuletzt vermögen es Gebäude aufgrund dieser Neuheit, Erwartungen und Standpunkte zu verändern – und damit das Leben.

Neuheit ist nicht gleichbedeutend mit Fortschritt. Sie zielt nicht auf einen Fortschritt oder eine Verbesserung im Sinne irgendeiner Entwicklung ab, sei sie nun technischer oder anderer Art. Ein Gebäude aus einem einfachen Steinverbund kann im oben genannten Sinne auch neuartig sein. Mangels besserer architektonischer Begrifflichkeiten könnte man sagen: Neuheit hat eine erkenntnistheoretische Dimension. Sie ist ein wesentlicher Bestandteil, wenn es darum geht, dass die Architektur Menschen fesseln soll. Und schliesslich ist Neuheit für uns von ontologischer Bedeutung.

Im Gegensatz zu dieser unleugbaren Bedeutung der Neuheit für die Architektur beziehen viele neue Gebäude ihre Berechtigung nur aus ihrer Zugehörigkeit zu irgendeiner Ideologie. Viele neue Gebäude werden von Architekturkritikern nur deshalb gelobt, weil sie mit bestimmten Ideologien oder sogenannten Denkschulen korrelieren. Auch herrscht noch immer ein gewichtiger missionarischer Eifer an Hochschulen, in Architekturzeitschriften und in anderen Foren, eine im Einklang mit Ideologien stehende Architektur zu fördern. In einer nicht-referenziellen Welt, in der Bedeutung nicht dadurch erzielt werden kann, dass man sich Ideologien unterordnet, ist das eine unhaltbare Situation. Anstatt dass sie jenen Gebäuden grossen Wert zuschreiben, die vorgegebene Erwartungen erfüllen, werden die Menschen durch Aspekte von Neuartigkeit auf eine gewisse kreative Art und Weise berührt, und zwar grundlegend und vor jeglicher kritischen Legitimation.

Architektur soll Menschen zu Kreativität anregen – genau das ist ihr gesellschaftlicher Auftrag, und deshalb müssen Gebäude Aspekte von etwas Neuem haben. Der Neuheit kommt in der Architektur also eine spezifische Aufgabe zu. Sie bringt den Betrachter eines Gebäudes dazu, mit diesem in einen Diskurs zu treten, und insofern mit der Welt. Wohnt einem Gebäude nichts Neuartiges inne, so werden ihm die Betrachter keine weitere Aufmerksamkeit schenken, wie es der Fall ist bei allen Gebäuden, die keine einnehmenden Eigenschaften aufweisen.

Wiederum liegt die Verantwortung beim Architekten, etwas zu entwerfen, das auf irgendeine Weise neu ist. Der Architekt verleiht diesem Neuen Gestalt. Das ist keine einfache Aufgabe. Neuheit erfordert eine gewisse philosophische Tragweite, sofern sich die Architekten einer These verschrieben haben, die ein bestimmtes Mass an Neuartigkeit verlangt. In anderen Worten: Architekten formulieren mittels ihres Gebäudes eine These zum Verhältnis zwischen Mensch und

Welt. Das ist auch der Grund, weshalb diese Aufgabe keine leichte ist. Die fragliche These, wenn wir es so nennen wollen, muss neu sein. Unglücklicherweise wird Neuheit in der Architektur häufig fälschlicherweise mit dem Modischen verbunden. Damit hat die Neuheit jedoch wenig zu tun. Vielmehr geht es darum, dass man keine These zugrunde legen darf, die bereits ausreichend Berücksichtigung gefunden hat. Wie Philosophen und die Philosophie, wie Physiker und die Physik bedürfen Architekten und die Architektur einer ständigen Erneuerung und Erweiterung ihrer Thesen, um die Suche nach den Grenzen der eigenen Disziplin immer weiterzutreiben. Neuheit macht Philosophie, Physik und Architektur – um bei diesen drei Beispielen zu bleiben – kreativ und verleiht ihnen damit Relevanz. Das kreative Bestreben endet in dem Moment, wenn der Architekt aufhört, nach Neuheit zu suchen. In dem Fall könnte er auch gleich aufhören zu arbeiten. Gebäude, denen nichts Neuartiges innewohnt – die also rein zweckorientierte Unterstände und bestenfalls handwerklich gut gemacht sind –, können entweder jenen Architekten überlassen werden, die sich damit zufrieden geben, Dienstleister oder Handwerker zu sein; oder man überlässt den Bereich der Gebäudeerstellung vollständig den Bauunternehmern. Ist Neuheit nicht vorgesehen, so ist kein Architekt notwendig. Eine These muss also etwas Neuartiges in den Vordergrund stellen: einen Gedanken, eine Idee. Ohne einen Gedanken oder eine Idee, denen etwas Neues innewohnt, lässt sich nicht viel erreichen. Neuheit erfordert eine Art „Vorausdenken"; und tatsächlich werden Menschen zur Kreativität angeregt durch die Konfrontation mit etwas Neuartigem. So gesehen befördert Neuheit einen positiven Moment, eine Art von Inspiration. Und es ist die geistige Konstitution des Neuen, die es den Betrachtern ermöglicht – nicht nur den Architekten, sondern allen –, kreativ zu sein. Diese kreative Inspiration verspürt jeder, der einem solchen Gebäude begegnet.

Es gibt noch ein paar Dinge mehr zu sagen über Neuheit. Zunächst einmal muss eine Abgrenzung von dem heute populären „Lifestyle"-Trend vorgenommen werden, der sich auch eine Art von Neuheit auf die Fahne geschrieben hat. Das Gesamtspektrum dieses „Lifestyle"-Trends unter der allgemeinen Rubrik „Wellness" – was auch unaufhörliche Galerie-, Museums- und Konzertbesuche sowie andere scheinbar zur Pflicht gewordene lebensschulende Tätigkeiten seitens des Bildungsbürgertums einschliesst –, entspricht nicht jener Neuheit, von der hier die Rede ist. Es ist eben gerade das Ziel der Neuheit, wie wir sie verstehen, nicht derartigen „Lifestyle"-Erfahrungen zu erliegen. Angestrebt wird vielmehr ein Moment, der tief greifende existenzielle Fragen zu unserer Stellung in der Welt berührt. Diese Abgrenzung ist enorm wichtig. Im Rahmen der „Lifestyle"-Bewegung ist der Begriff des Neuen ein Marketingprodukt. In den Bereich der Architektur hat diese Marketingtechnik erst vor Kurzem Einzug gehalten. Mit ihr hat die Architektur in den letzten Dekaden an Popularität gewonnen, sie rechtfertigt ihre Existenz und verleiht ihr eine gewisse Wertigkeit. Jene Neuartigkeit, die einem solchen „Lifestyle" der Erneuerung und Verjüngung verpflichtet ist, bewegt sich im Bereich der Unterhaltung. Sie hat überhaupt nichts gemeinsam mit dem Vermögen, existenzielle Erwartungen und Perspektiven

grundsätzlich zu überwinden, indem man den Menschen einen neuen sinnstiftenden Rahmen bietet.
Eine weitere Abgrenzung erfolgt über die Aktualität. Die Frage lautet: Wie neuartig darf ein Gebäude sein, damit die Menschen fähig sind, sich kreativ damit auseinanderzusetzen. Neuheit ist nicht zeitlos. Die nachfolgenden Ausführungen dazu, wie das jeweilige Werk zweier Architekten aufgenommen wurde, verweisen darauf, wie subtil und schwierig der Umgang mit Neuheit ist – und zwar nicht nur im Rahmen unserer Profession, sondern in der Welt insgesamt. Frank Gehrys Architektur wurde bemerkenswerterweise sehr anders rezipiert als jene von Antoni Gaudí. Gaudís Architektur wurde zum Zeitpunkt ihrer Entstehung als bizarr wahrgenommen. Im Gegensatz dazu wurde Gehrys Werk – bei all den Diskussionen über das Verdienst seiner Architektur – weder jemals als naiv oder bizarr bezeichnet, noch wurde es diesbezüglich je als besonders modisch abgestempelt. Seine Architektur wurde stattdessen stets als ernsthafter, gesellschaftlich relevanter Beitrag erachtet. Diese Einschätzung von Gaudís Werk könnte man nun als ungerecht empfinden, ist seine Arbeit doch eindeutig auch verdienstvoll. Vielleicht, so könnte man argumentieren, erzählt dies uns etwas über die Welt, in der wir heute leben – nämlich darüber, warum Gehrys Werk positiv aufgenommen wurde, während das seinerzeit bei Gaudí nicht der Fall war. Folgendes ist festzuhalten: Es ist von grösster Wichtigkeit, dass sich ein Architekt der vorherrschenden gesellschaftlichen Strömungen seiner Zeit bewusst ist, um einschätzen zu können, welcher Grad an Neuheit die Vorstellungskraft der Menschen anregt.

Einerseits können die Akzeptanz von Gehrys Arbeit und die Ablehnung von Gaudís Werk einfach mit der zunehmenden Heterogenität unserer Gesellschaft erklärt werden. Gaudís Bauten würden, wenn man sie heutzutage erstellte, vermutlich ebenso gefeiert werden. Das ist ja heute tatsächlich der Fall, wie man an den endlosen Besucherschlangen vor Gaudís Bauten in Barcelona sieht. Selbstverständlich ist die gegenwärtige Akzeptanz Gaudís weniger jenem ernsthaften Diskurs geschuldet, den sein Werk zweifellos verdient hätte. Vielmehr ist sie leider auf den bereits erwähnten „Lifestyle"-Trend zurückzuführen. Es ist jedoch nicht Gaudís Schuld, dass unsere Mediengesellschaft derart bildverliebt ist und keinerlei Interesse an einer Diskussion darüber zeigt, wie diese Bilder die Menschen beeinflussen.

Von grösserer Wichtigkeit für Neuheit ist die Tatsache, dass Gehrys Werk vom Moment seiner Errichtung an auf Bewunderung stiess. Das deutet darauf hin, dass ihm aussergewöhnlich klar bewusst war, welchen Grad an Neuheit die Menschen seiner Zeit aus eigener Kraft aufzunehmen in der Lage sein würden – um dies dann für die Auseinandersetzung mit ihren eigenen existenziellen Fragen fruchtbar zu machen. Das war bei Gaudí nicht der Fall. Die meisten Menschen waren angesichts seiner Bauten verwirrt und fanden sie bizarr. Zum Zeitpunkt ihrer Errichtung „sprachen" Gaudís Bauten die grösseren gesellschaftlichen Strömungen nicht an. Insofern könnte man sagen: Ein Architekt muss sehr genau wissen, wie weit er das Empfinden seiner Zeitgenossen herausfordern kann, damit sie noch fähig sind, sich auf kreative Weise mit seinen Gebäuden auseinanderzusetzen. Zu Zeiten Gaudís

wären Gehrys Bauten sicherlich ebenso als bizarr bezeichnet worden. Heute sind Gehrys idiosynkratische architektonische Ausformulierungen akzeptiert. Die Tatsache, dass er seine Zeit richtig eingeschätzt hat und seine Werke nicht als bizarr oder absurd abgetan wurden, spricht für seine spürhundartige Fähigkeit, aufkommende gesellschaftliche Strömungen zu erkennen und gewissermassen zu „riechen", wie weit er gehen muss, um Neuartiges hervorzubringen. Das ist wohl die am schwersten zu erlangende soziale Kompetenz eines Architekten.
Daher ist in diesem Kontext das wichtigste Thema die Fähigkeit des Architekten, auf gesellschaftliche Empfindlichkeiten zu reagieren, um Gebäude mit dem genau richtigen Mass an Neuheit zu konzipieren. Architektur sollte niemals bizarr sein, auch ist es nicht erstrebenswert, dass die Menschen beginnen, Gebäude mit dem Bizarren zu assoziieren. Herauszufinden, wie die Grenzlinien der jeweiligen Zeit exakt verlaufen, das ist eine wichtige und schwierige Aufgabe für Architekten. Diese Grenzen verschieben sich ständig und erfordern vom Architekten ein scharfes Bewusstsein für seine Zeit. Der Architekt muss seine Zeit ganz genau kennen, um Neuheit kreativ fassen zu können. Selbstredend stellt dieser Bedarf an Neuheit in unserer nicht-referenziellen Welt, in der Architekten kaum Leitlinien gegeben sind, eine noch grössere Herausforderung dar. Doch das ist die Aufgabe: Der Architekt hat keine andere Wahl, als sich auf die geistigen Strömungen der Welt umfassend einzulassen; er muss tatsächlich zum Spürhund werden und Gebäude, denen etwas Neuartiges innewohnt, kurz vor jenem Augenblick realisieren, in dem diese architektonischen

Ausformulierungen für einen ausreichend grossen Anteil der Gesellschaft akzeptabel werden. Sind diese Ausformulierungen erst einmal vollkommen anerkannt und dem Gros der Gesellschaft geläufig, so haben sie ihre erkenntnistheoretische Kraft, Menschen auf kreative Weise anzuregen, bereits verloren. Dieser Prozess geht heute noch schneller vonstatten, da die digitale Kommunikation jedem erlaubt, alles unmittelbar zu sehen. Diese sensible und präzise abgestimmte Fähigkeit, die eigene Welt zu kennen, ist der Hauptgrund, warum die Gesellschaft Architekten braucht, und der massgebliche Aspekt, weshalb sie von Architekten profitiert. In diesem Sinne können wir sagen, dass die Fähigkeit, Neuheit architektonisch auszuformulieren, die wichtigste gesellschaftliche Aufgabe des Architekten ist.

Und es muss noch eine weitere wichtige Abgrenzung im Kontext der Neuheit erfolgen. Die Forderung nach Neuheit wirft die Frage auf, woraus diese Neuheit entspringt. Die Antwort lautet: Neuheit in der Architektur kommt aus der Architektur selbst. Es ist zwar offensichtlich möglich, dass Architektur und Gebäude von ausserarchitektonischen Dingen jeglicher Art beeinflusst werden können, derartige ausserarchitektonische Inspirationen müssen jedoch so schnell wie möglich in den Bereich des Architektonischen übernommen werden. Neuheit muss sich in der Architektur auf formale Weise äussern, nicht in historischen Zitaten oder symbolisch. In anderen Worten: Die Neuheit eines Gebäudes kann nicht analogischer Natur sein. Neuheit ist insofern formal, als sie die physische Tatsache darstellt, wie ein Gebäude in der Welt existiert – seine Gestalt, seine Räume, seine Struktur, sein

Material, seine Konstruktion – und wie eine Person dieser formalen Konstellation begegnet. Das Neuartige an Gebäuden wird über eine sehr grundlegende Raumerfahrung erlebt und erschliesst sich nicht über eine intellektuelle Erklärung.
Wenn wir also vor einem Gebäude oder in einem Raum stehen, so ist das Neue keine ausserarchitektonische Applikation. Neuheit äussert sich über die Raumerfahrung mit all ihren mentalen und körperlichen Möglichkeiten, nicht über den Umweg der Abstraktion und Intellektualisierung von symbolischen oder historischen Gebäuden mittels nicht architektonischer Themen. Im besten Fall ist ein Gebäude rein architektonisch, wenn aber der schwierige Umweg über den Bereich ausserhalb des Architektonischen genommen wird, so muss jeglicher ausserarchitektonische Einfluss Teil des grundlegend Architektonischen werden: des Formalen – der physischen Eigenschaften eines Gebäudes, wie es in der Welt existiert.
Es wäre eine Torheit, einen Umweg über die ausserarchitektonische Sphäre zu wählen, um dann Architekturfremdes aus dieser Sphäre in die Gebäude zu importieren – egal, wie sinnvoll diese ausserarchitektonischen Qualitäten in ihrem jeweiligen Bereich sein mögen, also in der Mathematik, Soziologie, Politik, Kunst oder wo auch immer. Man kann sich vorstellen, dass die Reihe solch mehr oder weniger sinnvoller Importe endlos ist, doch eine derartige ausserarchitektonische „thematische Aufladung" der Architektur tendiert zu Banalität und Langweiligkeit. Gebäude dieser Art erweitern so gut wie nie die Grenzen der Architektur, und noch seltener sind sie schön. Gebäude, die sich der ausserarchitektonischen „thematischen

Aufladung“ verschreiben, bleiben Episoden für die Disziplin Architektur. Nur wenn solche importierten „thematischen Aufladungen“ vollständig auf architektonische Weise erfolgen – wenn sie also rein formaler Natur sind –, eignen sie sich dazu, von sensiblen und kreativen Köpfen anverwandelt zu werden. Letztlich hat Neuheit in der Architektur keine ausserarchitektonischen Themen zur Bedingung. Vielmehr erwächst Neuheit aus der Architektur selbst.

Ein weiterer Aspekt zum Thema Neuheit darf nicht vergessen werden: Neuheit erfordert Autoren. Es muss einen Urheber geben. Ohne Autorschaft ist keine Neuheit denkbar. Und umgekehrt braucht der Architekt das Neuartige, um sein architektonisches Können zu beweisen: Nur indem ein Architekt etwas Neues schafft, kann er wirklich zeigen, wie gut er ist. Man könnte also auch sagen: Ein architektonisches Werk kann noch so gut entworfen sein, wohnt ihm nichts Neuartiges inne, so qualifiziert es seinen Schöpfer als Techniker, nicht aber als Architekten.

Viertes Prinzip: Konstruktion

Gebäude profitieren davon, wenn sie primär nur aus einem einzigen Material bestehen. Erstellt man ein Gebäude mit nur einem Material, so legt das die formale Intention unmissverständlich offen. Diese These beruht auf drei Überlegungen: Erstens ist ein Gebäude, das nur aus einem Material besteht, in jeder Hinsicht ideell; zweitens entscheidet bei einem Gebäude, das auf einer Idee beruht, der Architekt über das Material, mit welchem das Gebäude ausgeführt wird; und drittens definiert dieses eine Material die formalen Qualitäten des Gebäudes.

Früher wurden Gebäude weitgehend aus nur einem Material erstellt, in den meisten Fällen aus Stein oder Holz. Heute werden die komplexen technischen, ökologischen und rechtlichen Anforderungen als Gründe dafür angeführt, dass es nicht mehr möglich sei, Gebäude nur aus einem Material zu errichten. Doch es ist nachweislich auch heute noch möglich, technisch hoch komplexe Gebäude im Wesentlichen aus einem Material zu erstellen.

Betrachten wir exemplarisch ein älteres Gebäude, und zwar die Basilika in der apulischen Stadt Ruvo, so gibt sich als Baumaterial im Wesentlichen Stein zu erkennen. Hier und da finden sich vereinzelt andere Materialien, etwa hölzerne Türen. Auch Glas kommt vor, und das steinerne Dach weist eine Deckung aus Terrakottaziegeln auf. Trotzdem besteht dieses Gebäude im Wesentlichen aus einem Material. Die Abtei in Le Thoronet zeichnet sich durch eine ähnlich konzise Materialpalette aus. Hier besteht sogar das Dach aus den gleichen Steinen wie die Wände und

Böden. Einer vergleichbaren, jedoch noch radikaler reduzierten Materialisierung begegnen wir in der indischen Stadt Fatehpur Sikri. Diese Beispiele sollen aufzeigen, was gemeint ist, wenn wir von Gebäuden sprechen, die aus nur einem Material geschaffen sind. Ja, es finden sich zwar auch jeweils andere Materialien, doch haben die in den meisten Fällen etwas mit den Gebäudeöffnungen zu tun. Abgesehen von ihren Öffnungen bestehen diese Gebäude in ihrer Gesamtheit aus *einem* Material.

Die Begründung, warum es erstrebenswert ist, Gebäude aus einem einzigen Material zu erstellen, ist jedoch neu. Sich für ein Gebäude nur eines Materials zu bedienen, befördert einen gewissen Verfremdungseffekt. Dieser Verfremdungseffekt stärkt die Erscheinung des Gebäudes als Resultat einer architektonischen Idee. Ein Gebäude aus nur einem Material zu erstellen, dient dem Nicht-Referenziellen genauso, wie es das Gebäude von der gesamten Palette semantischer Bilder und Attribute befreit, die wir in Gebäude hineinzulesen pflegen, einfach weil sie uns vertraut sind. Zur Verdeutlichung: Bestünde die gesamte Hauptfassade der Basilika in Ruvo, also ihre Pilaster, Portale, der Bogenfries, die Ornamente und alles weitere, nicht aus einem einzigen, sondern vielen verschiedenen Materialien, würde sich die architektonische Idee dieses Gebäudes nicht erschliessen – in diesem Fall ein enormes Gewicht, das zum Boden drängt, während sich im Inneren ein grosser Raum auftut. Bestünde die Basilika aus unterschiedlichen Materialien, wäre die Idee der Schwere und des offenen Raums nicht spürbar und nachvollziehbar, da mehrere Materialien die Idee auflösen und auseinanderdifferenzieren würden.

Noch dramatischer präsentiert sich das Beispiel Fatehpur Sikri: Die Tatsache, dass alle Gebäude – jedes für sich einzigartig – aus demselben roten Stein bestehen, betont die Idee der Einheit des Vielfältigen. Der Verfremdungseffekt rückt die Gebäudeidee in den Fokus unserer Wahrnehmung. Insofern ist die Beschränkung auf nur ein Material tatsächlich ein Akt der Befreiung. Im Falle von Fatehpur Sikri ermöglicht der durch die Reduktion auf ein Material bewirkte Verfremdungseffekt dem Gebäude zum Beispiel, formal zu werden, während bewusst die Eigenschaften von Material und Konstruktion heruntergespielt werden. Nur im Bereich des Formalen können Menschen frei denken und imaginieren. Insofern ist der Grund dafür, weshalb ein Gebäude aus nur einem Material erstellt sein sollte, in erster Linie erkenntnistheoretischer Natur. In unserer nicht-referenziellen Welt ist es besonders wichtig, ein Gebäude von semantischen Zuschreibungen zu befreien, damit die Menschen diese Gebäude frei einnehmen und sich frei ihre Gedanken dazu machen können. Darüber hinaus macht die Verpflichtung auf ein Material ein Gebäude strukturell kohärenter und in konstruktiver Hinsicht exakter, und zwar, weil Materialien nun mal unterschiedliche Eigenschaften aufweisen.
Die Wahl des Materials für ein Gebäude liegt letztlich in den Händen des Architekten, denn es besteht kein solcher Kausalzusammenhang zwischen Idee und Material wie zwischen Idee und Ordnung. Wichtig ist jedoch, dass sich die vom Architekten getroffene Materialwahl trotzdem von der Gebäudeidee ableitet! Man könnte die Wahl des vorherrschenden Materials für ein Gebäude mit der Entscheidung für eine Sprache

vergleichen, in der eine Geschichte erzählt oder ein Text geschrieben wird. Verweilen wir bei dieser Analogie: In vielen Fällen kann ein Text in jeglicher Sprache verfasst sein, der Handlungsablauf bleibt derselbe. Doch die Sprache, in welcher der Text geschrieben ist, verändert diesen. Dasselbe gilt für Gebäude. Man kann etwa einen introvertierten oder extrovertierten Raum in Stahl, Stahlbeton oder Holz erstellen, es ist aber klar, dass jeder dieser Räume je nach Material anders aussehen würde. Das baustatische Konzept wäre ebenso jeweils ein anderes. Der Architekt ist frei in der Wahl seiner Sprache, aber er muss eine Materialentscheidung treffen – dieses Material bildet dann die Basis für die formalen Qualitäten des Gebäudes. Eine Idee muss nicht in jedem Fall mit nur einem Material umgesetzt werden. Wenn etwa ein umfriedeter Garten entstehen soll, so kommen für seine Ausformulierung diverse Materialien infrage. Die Auswahl ist jedoch beschränkt: Der Architekt muss jenes Material wählen, das es dem Gebäude ermöglicht, seine Idee zu transportieren.
Beispielsweise ist das Merkmal von Beton, ein „Gussmaterial" zu sein. Verlangt also die Gebäudeidee nach einer modularen (zusammengesetzten) Form, so ist es wenig sinnvoll, es aus Beton zu giessen. Im Gegensatz dazu führen Klinker immer zu etwas Modularem, denn ein Klinker ist ein kleines, meist rechteckiges Modul. Eine unregelmässige, gewellte Form aus Mauerwerk zu erstellen, ist beispielsweise unsinnig. Insofern ist die Materialwahl bis zu einem gewissen Masse eine persönliche Entscheidung des Architekten, sie darf aber nicht als vollkommen bezugslos missverstanden werden. Man könnte also sagen, dass eine Idee nicht nur

nicht jedes Material verträgt, sie macht auch die Umsetzung mit einem spezifischen Material erforderlich. Die Materialwahl ist nicht nur keine rein persönliche Entscheidung, sie ist in erster Linie natürlich auch keine Konsequenz technischer und ökonomischer Erwägungen. Und schliesslich beschränkt auch die Dimension eines Gebäudes die Palette möglicher Materialien.

Wichtiger, als auf die Wahl des einen oder anderen Materials für ein Gebäude noch näher einzugehen, ist zu betonen, dass tatsächlich eine bewusste Entscheidung getroffen werden muss. Daraus folgt noch konkreter, dass die Materialwahl in höchstem Masse zwingend sein muss. Es sollte eine Bedeutung haben, wenn ein Architekt sich dafür entscheidet, dass er ein Gebäude in Holz oder Stahl oder Stahlbeton entwirft. Anders gesagt: Wenn ein Architekt etwa erklärt, dass er ein Holzgebäude erstellen wird, so sollte dieses Gebäude wirklich von Grund auf aus diesem Material bestehen, und die dem Holz innewohnenden Möglichkeiten sollten bis aufs Letzte ausgeschöpft werden. Ein Gebäude als Holzbau zu deklarieren und dann etwa für die Verbindungen Metall zu verwenden, ist nicht durchdacht. In solch einem Fall kann nicht mehr von einem Holzbau die Rede sein, weil genau bei jenem Teil der Struktur, der einen Holzbau eben zu einem Holzbau macht, die Materialeigenschaften des Holzes zugunsten jener des Metalls wegfallen. Dann ist das Gebäude von einem Materialmix geprägt – was zur Folge hat, dass der angestrebte Verfremdungseffekt ebenso wenig erreicht wird wie das Ziel, eine befreite formale Konstruktion hervorzubringen.

Schlimmer noch ist das völlige Fehlen einer Absichtserklärung hinsichtlich der Frage, aus welchem Material ein Gebäude erstellt werden soll. Man könnte auch sagen, dass Gebäude, die sich durch eine gewisse Materialvielfalt ohne erkennbares Hauptmaterial auszeichnen, die Abwesenheit einer Gebäudeidee und ihre eigene Sinnlosigkeit bezeugen. Wurde keine Entscheidung für ein Material getroffen, so ist das Resultat für gewöhnlich ein Gebäude, bei dem die jeweiligen materialspezifischen Eigenschaften dieser unterschiedlichen Materialien in einen „Konkurrenzkampf" miteinander treten.

Es ist nahezu unmöglich, mit einem Materialmix ein kohärentes formales Ganzes zu erzielen. In manchen Fällen wird die Kombination unterschiedlicher Materialien – die einem Gebäude die Anmutung eines Showrooms für Gebäudematerialien verleiht – natürlich auch als Ausdruck für „Multikulturalismus" und „Demokratie" oder andere aus dem nicht architektonischen Bereich importierte Konzepte verwendet. Dass dieser Ansatz problematisch ist, muss nicht weiter ausgeführt werden.

Gebäude, denen es an der Eindeutigkeit beim Material und an konstruktiver Konsequenz mangelt, sind ein nicht identifizierbares Mischmasch, denn bei ihnen ist alles möglich. Alle Materialien sowie deren inhärente Merkmale konkurrieren dort miteinander. Etwas überspitzt könnte man sagen: Je weniger klar sich der Architekt über seine Idee ist, desto mehr Materialien werden bei einem solchen Gebäude zum Einsatz kommen. Man könnte hinzufügen: Materialfugen und -übergänge in einem Gebäude treten in den meisten Fällen entweder infolge des Mangels an einer kohärenten Gebäudeidee auf oder weil der jeweilige Architekt nicht über die notwendigen konstruktiven

Fähigkeiten und das Materialwissen verfügt, um ein stringentes Gebäude zu entwerfen. In letzterem Fall verweist der Materialmix einfach auf die mangelnde Fähigkeit des Architekten, ein Gebäude technisch auszuarbeiten.
Da sich dieses Buch vornehmlich an praktizierende Architekten richtet, ist dies ein guter Moment, um nochmals zu betonen, dass ein Architekt dazu fähig sein muss, das Gebäude, das er entworfen hat, auch umzusetzen. Viel zu oft wird der Architekt vom Konstruieren und von der Überwachung der tatsächlichen Gebäudeausführung entbunden. Mit Konstruktion sind die technische Ausarbeitung und deren Beaufsichtigung gemeint. Die Ausführung betrifft die Betreuung und Überwachung aller am Bau beteiligten Planer, Ingenieure und Handwerker durch die Architekten. Ohne ausgeprägte Kenntnisse der Baupraxis wird dem Architekten kein Erfolg beschieden sein. Vielmehr muss der Architekt ein Virtuose sein, der sich im Bereich der Bautechnik so umfassend auskennt, dass er dazu fähig ist, die Implementierung und Ausführung der Gebäudeidee zu kontrollieren. Es ist mehr als passives Wissen nötig, damit der Architekt bei allen Fragestellungen eingreifen kann. Der technische und konstruktive Sachverstand des Architekten spielt vielmehr bereits dann eine zentrale Rolle, wenn er damit beginnt, ein Gebäude zu konzipieren und zu entwerfen. Für das Bauen ist das technische und konstruktive Know-how des Architekten von grundlegender Bedeutung. Nur ein Architekt, der über eine im höchsten Masse konstruktive Denkweise und Fähigkeit verfügt, kann innovativ sein und seinen Gebäuden Aspekte des Neuartigen einschreiben.

Wenn die diversen Ingenieure, Techniker, der Bauherr und die Handwerker die Gebäudekonstruktion diskutieren, ohne dass der Architekt dabei massgeblich beteiligt ist, so ist dieses Vorgehen schlicht nicht von Erfolg gekrönt. Der Architekt ist es, der alle anderen instruiert. Die weitverbreitete Gepflogenheit, den Architekten als Designer zu verstehen, dem keinerlei Einfluss auf die konstruktive Umsetzung und die darauffolgende Ausführung des Gebäudes zukommt, hat direkte, sichtbare Auswirkungen auf die Gebäudequalität. Ein Architekt kann die zielgerichtete Entwicklung eines Gebäudes nicht steuern, wenn er weder anwesend noch federführend ist.

Als letzten Punkt im Kontext der Konstruktion müssen wir auf die zentrale Bedeutung von Statik und Struktur zu sprechen kommen. Nicht selten werden Gebäude einfach als Gestalt oder Hülle entworfen, der kein strukturelles Konzept zugrunde liegt. Es ist jedoch vollkommen unmöglich, eine kohärente architektonische Idee zu verfolgen, ohne das spezifische strukturelle Konzept eines Gebäudes zu kennen. Insofern muss das baustatische Konzept nicht nur vom Architekten entworfen werden, es ist vielmehr zentraler Teil des architektonischen Ordnungssystems – und zwar von jenem Moment an, in dem der Architekt beginnt, seine Idee zu ordnen. Wenn ein Bauingenieur das Projekt eines Architekten einfach aufgreift und ihm nachträglich eine statische Struktur überstülpt, es also irgendwie umsetzbar macht, so ist das Resultat wenig befriedigend. Es wird keine Ganzheit zustande kommen, wenn das baustatische Konzept nicht von Anfang an in die architektonische Ordnung integriert wird. Das baustatische Konzept manifestiert sich bereits im Ordnungssystem. Das statische Konzept eines Gebäudes und dessen Struktur bilden zusammen mit der Gestalt, den Räumen, dem Material und der Konstruktion eine organische Einheit. In der Verantwortung des Ingenieurs liegen lediglich die exakte Positionierung und die Bemessung der Gebäudeelemente, nicht aber das statisch-strukturelle System als solches. In anderen Worten: Der Architekt konzipiert das baustatische System eines Gebäudes selbst, wenn er ein Gebäude entwirft; steht dieses baustatische System fest, kalkuliert der Ingenieur die exakten Masse der Gebäudeelemente.

Fünftes Prinzip: Widerspruch

Unter einem Widerspruch versteht man zwei oder mehrere Teile, die einander bedingen und dies gleichzeitig auch nicht tun. Es muss unbedingt von Anfang an betont werden, dass ein Widerspruch nicht gleichbedeutend ist mit dem Gegensatz zwischen zwei oder mehreren Teilen. Der Widerspruch ist vielmehr eine kompositorische Strategie, die organisch aus dem Gebäude erwächst. Widersprüche sind auch nicht mit Dualitäten gleichzusetzen, etwa jener von Schwarz und Weiss; im Falle eines Widerspruchs können – um bei diesem Bild zu bleiben – Schwarz und Weiss vielmehr koexistieren, und das nicht etwa im Sinne einer Verschmelzung oder Collage beider Elemente. Keinesfalls wird ein Widerspruch erzeugt, indem einem Gebäude etwas hinzugefügt wird, um einen Kontrast zu schaffen – etwa einen Kontrast, der darauf zielt, die eine oder andere Interpretation bewusst nahezulegen. Anhand des folgenden Beispiels dürfte klar werden, was mit dem Begriff Widerspruch gemeint ist: Man stelle sich vor, jemand betritt einen Raum in einem kleinen Gebäude. Kaum ist die Person drinnen, so gelangt sie zur Treppe. Menschen denken in der Regel nicht darüber nach, wie ein Gebäude entworfen wurde. Betritt in dem Fall die fragliche Person diesen Raum und sieht die Treppe, so wird sie bei deren Anblick schlussfolgern, dass oben etwas ist. Dieser einfache und unkomplizierte Aufbau ist so üblich, dass besagte Person nicht einmal realisieren wird, dass sie den Gebäudeaufbau konzeptualisiert. Dies ist uns so geläufig, dass der Prozess des Begreifens vollkommen mühelos und direkt vonstattengeht.

Nehmen wir ein ähnliches und doch vollkommen anderes Szenario: Eine Person betritt dasselbe Gebäude und denselben Raum, doch nun befinden sich dort zwei Treppen nebeneinander. In diesem Fall passiert etwas ganz anderes beim Versuch, die Situation zu erfassen. Die Person wird fragen: Was soll ich mit zwei Treppen? Wohin soll ich gehen? Spielt es eine Rolle, welche Treppe ich nehme? Werde ich zum richtigen Ort im oberen Stockwerk gelangen? Während es vollkommen mühelos und selbstverständlich war, den Gebäudeaufbau mit einer Treppe zu begreifen, kann im zweiten Fall der Prozess vom Sinnesreiz, mit zwei Treppen konfrontiert zu werden, über das Vorstellungsbild bis zum Versuch, das Konzept zu begreifen, höchstwahrscheinlich nicht vollständig im Kopf vollzogen werden, weil man mit einem Widerspruch konfrontiert wird.

Der Fall, dass es zwei Treppen gibt, die von einem Raum aus nach oben führen, ist ein einfaches Beispiel für einen Widerspruch. Und zwar deshalb, weil die fragliche Person sich ungewollt bereits ein Bild von dem Gebäude gemacht hat, als sie sich ihm näherte. Sie ist davon ausgegangen, dass es eine Treppe ins Obergeschoss geben wird. In diesem Fall wird die Person den Widerspruch der Existenz zweier Treppen in ihrem Kopf nur dadurch auflösen können, dass sie das Gebäude durchschreitet. Nur dann wird sie das Gebäude im Hinblick auf die beiden Treppen „begreifen". Wir werden zu einem späteren Zeitpunkt in diesem Kapitel zu dem Schluss gelangen, dass die besten Widersprüche jene sind, die nicht vollständig konzeptualisiert werden können. Viele Arten von Widersprüchen sind möglich. Sie können jeden Teil, der ein typisches

Gebäude ausmacht, betreffen, etwa das strukturelle Konzept, die Materialisierung, Öffnungen, den Grundriss, konstruktive Massnahmen, die Bewegung durch oder die Annäherung an die Räume. Widersprüche werden vom Architekten erzeugt und sind Ausdruck seiner kreativen und innovativen Fähigkeiten.

Mit dem Beispiel oben kommen wir auf einen Punkt zurück, der bereits ausgeführt wurde: Nichts soll dem Gebäude hinzugefügt werden, was ihm nicht inhärent ist. Das beschriebene Gebäude benötigt eine Treppe, weil es ein Obergeschoss gibt. Sie ist ein notwendiges Element. Sie ist kein „kontrastives" Element, das rein didaktischen Zwecken dient. Widersprüche sind zudem nicht subversiv. Wird ein unnötiges und neues Element nur hinzugefügt, um einen subversiven Effekt zu erzeugen, so wird man es nicht als Widerspruch wahrnehmen. Man würde es lediglich als etwas identifizieren, das fremd ist und nicht dazugehört. Also wiederum als etwas Subversives. Man würde dieses Element als andersartig verstehen. Im besten Fall würde man es als Kontrast wahrnehmen. Mit Kontrasten zu arbeiten, ist jedoch eine eher banale und wenig komplexe Kompositionsstrategie, die nichts zu tun hat mit jener Art von Widerspruch, wie er hier im Kontext der nicht-referenziellen Architektur verhandelt wird.

Aristoteles unterschied einst zwischen Differenz und Andersartigkeit. Ein Widerspruch erscheint auf den ersten Blick als Differenz, als etwas, das beim Versuch, es zu erfassen, nicht recht zusammenpasst. Ein Widerspruch ist so etwas wie eine „Fissur" oder „Schnitt" – eine Art *caesura*, die immer neue Versuche, etwas zu erfassen, anstösst, weil die Differenz von der Art ist, dass man sich immer wieder neue

Wege sucht, damit umzugehen. Widersprüche sind anregend und befördern Kreativität. Man könnte auch sagen, dass der Widerspruch eine Kompositionsstrategie ist, durch die ein Gebäude sinnstiftend wird.
Widersprüchen wohnt in Bezug auf sich selbst eine didaktische Dimension inne, nicht aber im herkömmlichen belehrenden Sinne. Widersprüche sollen uns nichts Spezifisches über das Gebäude lehren. An dieser Stelle sollte man erwähnen, dass Architektur wie alle künstlerischen Unterfangen nicht *per se* belehrend sein sollte. Indes ist es allgemein beliebt, Dinge auf eine mehr oder weniger gedanklich spielerische Art zu ergründen; und manch einer macht sich auch gerne ontologische Gedanken über seinen Platz in der Welt. In diesem Sinne könnte man konstatieren, dass es das Ziel ist, eine echte Unterscheidung zwischen Widersprüchen zu erzielen: zunächst als Widersprüche und dann als die beiden Pole einer Ganzheit. Das ist die didaktische Dimension, die Widersprüchen innewohnt.
Insofern ist ein als didaktisches „Lehrstück" gedachtes Gebäude ein Drahtseilakt. Ein Gebäude muss die Kreativität der Menschen immer wieder aufs Neue wecken, denn wenn man sich etwas erst einmal erschlossen hat, so beachtet man es für gewöhnlich nicht weiter. Hat eine Person etwas so weit begriffen, dass sie es einfach auf andere Bereiche übertragen kann, so hat diese Sache ihre kreative Wirkung verloren. Widersprüche haben auch eine Bedeutung im Hinblick auf Neuheit. Die Menschen empfinden Befriedigung, wenn sie etwas begreifen, das sie noch nie zuvor gesehen oder mit dem sie bisher noch keine ausgeprägte Erfahrung gemacht haben.

Der Widerspruch als Kompositionsprinzip ist jenem System nicht unähnlich, mit welchem Immanuel Kant zu erklären versuchte, was Menschen dazu veranlasst, etwas als schön zu beurteilen. Kant spricht von drei Phasen, die ein Mensch durchläuft, bevor er etwas als schön beurteilt: Zunächst sind da die sensorischen *stimuli* in der Begegnung mit einer Sache; im zweiten Schritt regt dieser erste Stimulus die Vorstellungskraft der Person an; und dann versucht die Person begrifflich zu fassen, was sie sich vorgestellt hat. Kant schreibt, dass kein Sinn für Schönheit aufkomme, wenn eine Person etwas vollständig begreifen kann, sprich: dass sie etwas komplett „durchschaut". Vielmehr wird dies nur ermöglicht durch das ständige Hin und Her zwischen immer neuen Vorstellungsmöglichkeiten und immer neuen Versuchen zu begreifen. Die beste Kunst, und mutmasslich auch die beste Architektur, zeichnet sich dadurch aus, dass sie den menschlichen Geist zwischen Imagination und Konzeptualisierung immer wieder herausfordert. Man kann sich das als eine Art Pingpong zwischen Imagination und Konzeptualisierung denken.

Kant behauptet, dass man sich langweile, wenn man etwas vollständig erfasst habe. Habe man etwas erst einmal begriffen, setze man sich nicht mehr weiter kreativ damit auseinander. Das Einzige, was einem dann noch bleibt, ist, es auf andere Bereiche zu übertragen, das eigentliche ästhetische Rätsel ist jedoch gelöst und als kreativer Akt nicht mehr von Belang. Dieses Phänomen lässt sich zum Beispiel anhand der Malerei des Abstrakten Expressionismus erklären, etwa mit Blick auf die Gemälde von Mark Rothko. Steht jemand vor einem Bild von Rothko und kommt

zu dem Schluss, dass er dieses Werk vollkommen begriffen hat, so wird er es nie wieder auf dieselbe Art und Weise betrachten, weil es für ihn nun eine vollständig erfasste Grösse darstellt. Selbstredend führt aber ein Werk, das den Betrachtern aus welchem Grund auch immer vollkommen unzugänglich ist, genauso wenig zur erwünschten ästhetischen Erfahrung. Insofern kann hier die Rede von einem Drahtseilakt sein. Kunstwerke – in unserem Fall Gebäude – bewegen sich auf einem schmalen Grat, wenn es darum geht, unseren Sinnesapparat auf die richtige Art und Weise zu stimulieren.
Offenbar appellieren solche Widersprüche an das Empfindungsvermögen der Menschen in einer nicht-referenziellen Welt. Nicht-referenzielle Architektur bezeichnet etwas, aber sie verweigert sich, etwas zu erklären oder zu erzählen, und lässt jegliche Überbleibsel einer theatralischen Form der Überzeugung und Verkündung hinter sich. Nicht-referenzielle Architektur und ihre Widersprüche erlauben es uns, mit ihnen einen Sinn zu stiften, und das, obwohl keine feststehenden semantischen Zuschreibungen mehr gegeben sind wie noch zu jenen Zeiten, als Sinn über ein Referenzsystem von einigermassen etablierten Bild- und Symbolinhalten generiert wurde.
Ein anderer Fall von Widerspruch ist ein Gebäude, dessen Gestalt recht banal wirkt, weil ihm die akademische Geste fehlt, zum Beispiel ein klassisches Haus: mit Wänden, Fenstern, einem Satteldach – eben so, wie wir es auf Tausenden von Kinderzeichnungen wiederfinden. Bei einem derartigen Haus lässt sich nicht darüber spekulieren, was ein Architekt mit solch einer Gebäudeform erreichen will. Wir haben es hier mit der

normalsten und gebräuchlichsten Form eines Hauses zu tun. Wird ein solches Haus jedoch mit etwas überlagert, das nicht typischerweise dazugehört, so kann aus der einfachen Form dieses vollkommen gewöhnlichen Hauses etwas ungeheuer Tiefsinniges entstehen. Beispielsweise könnte einem solchen archetypischen Haus – das uns auf den ersten Blick als der Inbegriff des Zuhauses erscheint – das Dach fehlen. Das vermeintlich gewöhnliche Haus, das uns selbstverständlich erscheint, kann auf diese Weise plötzlich rätselhaft werden. Das Haus wird so befreit, weil sich unserer Vorstellungskraft neue Möglichkeiten eröffnen: Ein Besucher wird verwundert sein angesichts eines Hauses ohne Dach. Wird also etwas Vertrautes mit etwas sehr Unvertrautem überlagert, so erwächst aus dem scheinbar Banalen oder Routinehaften etwas, das hochgradig sinnstiftend ist. Es ergibt sich ein Verfremdungseffekt.
Natürlich können Häuser nun nicht einfach auf ein Dach verzichten. Widersprüche müssen insofern sinnvoll sein, als das Haus als solches gut zu funktionieren hat. Widersprüche sind keine Spielerei, vielmehr sind sie nur dann brauchbar und sinnstiftend, wenn sie Teil eines perfekt funktionierenden Gebäudeorganismus sind. Wenn jedoch ein Besucher ein Gebäude betritt und feststellt, dass, sagen wir, drei Viertel des Gebäudes nicht geschlossen sind, weil das Dach fehlt, so wird er beginnen, sich kreativ mit dem schutzgebenden Aspekt des Hauses auseinanderzusetzen. Der Besucher könnte in Erwägung ziehen, dass sich das Beschützende eines Gebäudes nicht unbedingt in einem Dach manifestieren muss, da auch das Himmelsgewölbe beschützend wirkt, auch wenn man dann nicht

vor Regen und Sonne geschützt wird. Derartige Erwägungen führen vielleicht zu einem Nachdenken darüber, was ein Haus benötigt, um ein Zuhause zu sein, und was uns eigentlich an einem Haus wirklich schützt. Die Tatsache, dass grosse Teile des Hauses nicht überdacht sind, mag vielleicht verwirren. Manch einem mag das als unsinnig erscheinen, doch bei anderen kann das existenzielle und metaphysische Gedanken auslösen. Insofern kann man nach reiflicher Überlegung zu dem Schluss kommen, dass es ausreicht, wenn nur ein Viertel des Gebäudes bedeckt ist, etwa dann, wenn deutlich wird, dass der Wohnkomfort durch das fehlende Dach nicht eingeschränkt, sondern erhöht wird. Die Tatsache, dass drei Viertel des Hauses nicht überdacht sind, könnte zu seiner wertvollsten Qualität avancieren, weil der Bewohner nun in eine direkte physische Beziehung zum Himmelszelt tritt. Was könnte uns mehr Geborgenheit geben als eine solche Überwindung unserer metaphysischen Obdachlosigkeit? Der Widerspruch ist in der heutigen Architektur ein wichtiges Kompositionsprinzip; es ist eine Strategie für Gebäude, die in einer Zeit geschaffen werden, der es an einem Konsens über feststehende Bedeutungen mangelt, und zielt darauf ab, die Kreativität der Menschen anzuregen.
Ein anderes Verständnis des Begriffs Widerspruch prägte Gottfried Semper im Rahmen seiner „Stoffwechseltheorie". Bei ihm bezeichnet er einen Transformationsprozess, der aus einem Materialwandel resultiert. Semper versuchte, das Verhältnis von Holz- zu Steinarchitektur zu beschreiben, und zielte dabei auf eine Herleitung der Eisenarchitektur. Auf unsere Zeit der nicht-referenziellen Architektur übertragen,

lässt sich der Materialwandel nicht mehr durch ein positivistisches geschichtliches Welterklärungsmodell im Semper'schen Sinne legitimieren. Ein solcher Wandel kann in jegliche Richtung gehen. Ein mittels einer solchen Materialtransformation erzeugter Widerspruch wäre etwa dann gegeben, wenn ein Holzhaus in Beton erstellt würde. Gleichermassen ist es ein Widerspruch, wenn ein Steinhaus in Form eines hölzernen Fachwerkhauses errichtet wird. Das ist der Fall in Fatehpur Sikri. Solche Transformationen lesen sich als Widersprüche und befreien das Gebäude von all den ihm inhärenten Zuschreibungen. Im Hinblick auf alles, was ein Gebäude ausmacht, muss man sich angesichts dessen selbst radikal neu ausrichten, weil die Referenzen entweder verschwunden sind oder als nicht mehr gültig erkannt wurden.

Sechstes Prinzip: Ordnung

Die architektonische Ordnung stellt die Verbindung zwischen der Gebäudeidee und der gebauten architektonischen Wirklichkeit her. Durch sie bekommt die Idee eine Form in Gestalt von Gebäudeelementen: durch die Ausbildung eines Ordnungssystems von Wänden, Böden, Dächern, Öffnungen und Säulen. In diesen Hauptelementen manifestiert sich die Ordnung. In anderen Worten: Die Gebäudeidee wird zunächst durch ein Ordnungssystem artikuliert. Dann manifestiert sich dieses Ordnungssystem materiell – und zwar über eine klare materiell-physische Präsenz, indem die Wände, Böden, Dächer, Öffnungen und Säulen materiell und konstruktiv realisiert werden. Insofern können wir sagen, dass die architektonische Ordnung die Brücke zwischen der architektonischen Idee und der physischen Wirklichkeit eines Bauwerks bildet: Idee – Ordnung – Bauwerk.
Die Wechselbeziehung zwischen Idee, Ordnung und Bauwerk impliziert, dass die architektonische Ordnung eine Ableitung der Idee ist. Die Ordnung ist insofern die Transzendenz der Idee, als sie von der Idee abhängt. Dieses Kausalverhältnis von Idee und Ordnung – und in einer weniger ausgeprägten Weise zwischen Idee, Ordnung und Bauwerk – steht in diametralem Gegensatz zu Begriffen wie „absichtsloser Raum“, „absichtslose Form“ und „gefundene Architektur“. „Absichtslos“ und „gefunden“ dienen als Übersetzungen der heute oft in Zusammenhang mit Architektur verwendeten englischsprachigen Begriffe „incidental“ und „found“.

Ordnung kann auf zweierlei Weise hergestellt werden: deduktiv und induktiv. Diese beiden Annäherungsweisen fanden zu jeder Zeit seitens der Architekten Anwendung, wenngleich in der Regel nicht mit der wissenschaftlichen Sorgfalt, die wir voraussetzen, wenn wir dem Entwerfen von Gebäuden als einer wissenschaftlichen Methode Geltung verschaffen wollen. Trotzdem ist die Unterscheidung zwischen dem Deduktiven und dem Induktiven von grosser Bedeutung für nicht-referenzielle Architektur. Wenn es um die Definition der Ordnung geht, ist in der nicht-referenziellen Architektur nur der deduktive Ansatz sinnvoll.
Das Induktive, auf welchem das „Absichtslose" und „Gefundene" basieren, entbehrt jeglicher Grundlage in der nicht-referenziellen Welt. Es versteht sich von selbst, dass in einer Welt, die sich durch Polyvalenz auszeichnet und die jeglicher allgemeingültiger Prinzipien – die in der Moderne und der Postmoderne noch ihre Berechtigung hatten – entbehrt, eine induktive Herangehensweise nicht mehr möglich ist. Das Induktive eignet sich nur, solange noch von einem Firmament der „Wahrheit" ausgegangen wird, ungeachtet der Tatsache, dass sich der Begriff „Wahrheit" zunehmend im Wandel befindet. Doch vor allem die Moderne und die Postmoderne glaubten an den Wert gemeinsamer Ideologien. Unter dem Schutzmantel dieser Ideologien war es der modernen und postmodernen Architektur möglich, erfolgreich induktiv nach Lösungen zu suchen und sich mit „gefundener Architektur" zufriedenzugeben. In der Welt von heute ist das nicht länger der Fall. Gerade dieser Mangel an einer prinzipiellen Grundlage macht für die nicht-referenzielle Architektur das Deduktive unverzichtbar. Es ist

also die Idee für ein Bauwerk, welche in der nicht-referenziellen Architektur deduktiv abgeleitet wird.
Um zu erklären, warum die Ordnung ausschliesslich das Resultat einer Ableitung – also einer Deduktion und nicht einer Induktion – sein kann, muss jedoch noch auf einen weiteren Punkt hingewiesen werden: Das Ordnungssystem kann nicht selbstreferenziell sein. Das Ordnungssystem nicht-referenzieller Architektur ist nicht-referenziell, nicht selbstreferenziell. Ein selbstreferenzielles Ordnungssystem führt im Rahmen der heutigen Architektur zu Gebäuden, die auf dem „Absichtslosen" oder „Gefundenen" basieren, was eine offensichtliche Leere erzeugt – ein Umstand, der unsere Aufmerksamkeit verdient. Selbstreferenzielle und induktiv hergeleitete Architektur, die keiner Idee folgt, präsentiert keine These oder Prämisse, die danach strebt, „richtig" zu sein. Vielmehr präsentiert sie entweder hohe oder niedrige Wahrscheinlichkeiten, die nicht die Resultate von Thesen oder Prämissen sind, sondern die erzeugte Ordnung einer abstrakten und mehr oder weniger komplexen Reihe unterschiedlicher Prozesse und Faktoren. Der induktive Ansatz, der zu einem „absichtslosen Raum" führt, zielt darauf ab, mittels mehr oder weniger zufälliger Parameter – etwa Grundstücksgrenzen, Infrastruktur, funktionelle Bedarfe, Materialeigenschaften und Bauvorschriften – Gebäude zu erschaffen. Solche Parameter sind unzureichend, wenn es darum geht, eine architektonische Ordnung hervorzubringen, die Sinn stiftet.
Begriffe wie „absichtslos" und „gefunden" sind problematisch. Akzeptiert man das „Absichtslose" und das „Gefundene" als kreative Wege in der Architektur, so kommt das einer intellektuellen und künstlerischen

Bankrotterklärung gleich, weil die Vertreter dieser Position Gebäude nicht länger als etwas wirklich Sinnstiftendes erachten. Die neuerliche Akzeptanz des „Absichtslosen“ und „Gefundenen“ als akzeptable Entwurfsmodi widerspricht der Erkenntnis, dass die architektonische Ordnung ein Resultat der Gebäudeidee ist. Uns wird glauben gemacht, dass der Sinn eines Gebäudes, das auf der Basis des „Absichtslosen“ und „Gefundenen“ entsteht, durch die architektonische Ordnung – ohne Anbindung an eine Idee – generiert wird. Die Ordnung, die durch die induktive Suche nach dem „Absichtslosen“ und „Gefundenen“ geschaffen werden kann, ist vielleicht kohärent, nicht aber sinnstiftend. Das ist ein grundlegender Unterschied. Es ist das Gleiche, wie wenn wir ein Uhrwerk allein um seiner selbst willen bewundern, ohne in Betracht zu ziehen, welcher Sinn hinter einem Uhrwerk steckt. Ein Uhrwerk kann für sich genommen ausserordentlich schön sein, aber es ist unbestrittenermassen zutiefst menschlich, dass wir es umso schöner finden, wenn wir es mit einer Idee verknüpfen können – in diesem Fall mit dem Wissen, dass dieses Uhrwerk die Zeit misst, und letztlich, dass damit eine Verbindung zu unserer Idee von der Zeit hergestellt wird. Selbstverständlich ist die architektonische Ordnung eines Gebäudes viel weniger spezifisch auf einen Zweck hin ausgerichtet als ein Uhrwerk, trotzdem sollten Gebäude nicht sinnstiftender Ideen entbehren.

Die Heraufbeschwörung dessen, dass Ordnungssysteme induktiv zu erschaffen seien, ist ein neues Phänomen. Dieser Trend ist vermutlich die Konsequenz einer Ideologie, die es viel bequemer und akzeptabler macht, uns auf den induktiven Ansatz zu verlassen, wahrscheinlich, weil wir diesen als partizipatorisch wahrnehmen – als eine Art „Graswurzel-Prozess". Der induktive Ansatz kann auch im Sinne der „Bottom-up-Logik" verstanden werden. Er scheint mehr Beteiligung zuzulassen als die sogenannte „Top-down-Logik", die mit dem deduktiven Ansatz verbunden ist. Das deduktive Verfahren scheint weniger wünschenswert, weil es freimütig einräumt, einen Autor zu erfordern – etwa einen einzelnen Architekten –, der dann die Verantwortung übernimmt, also Grenzen zieht, Absichten formuliert und Regeln aufstellt. Die induktive Methode, auf welcher die scheinbar absichtslosen Ordnungssysteme basieren, ist das Antonym zum Beabsichtigten, Überlegten und Geplanten – also zu allem, was als massgeblich für das Erstellen von Gebäuden erscheint. Allerdings scheint eine Faszination vom Zufälligen, Formlosen, Beiläufigen auszugehen, die mit dem „Inzidentellen" auf der Suche nach Ausdrucksmöglichkeiten der Architektur verbunden ist. Darüber hinaus gibt der induktive Ansatz vor – um nicht zu sagen, er täuscht vor –, dass die Entscheidungen nicht länger von einem Autor oder einzelnen Architekten getroffen werden. Allerdings: Auch die induktive Suche erfordert an irgendeinem Punkt des Prozesses ein Urteil oder eine Entscheidung des Architekten bezüglich dessen, auf welche Art etwas gemacht werden soll.

Gemäss der normativen Definition wird die deduktive Logik als ein von einer allgemeinen Prämisse oder These ausgehender Denkprozess beschrieben, der in eine eindeutige logische Schlussfolgerung mündet. Im Gegensatz dazu wird das induktive Vorgehen als ein Denkprozess definiert, der durch spezifische

Beobachtungen zu seinen Grundprinzipien gelangt. Die deduktive Logik verbindet eine These mit Schlussfolgerungen. Im Falle eines Gebäudes verbindet sie die Idee mit der Ordnung. Streng wissenschaftlich gesprochen, könnte man sagen: Wenn sich alle Prämissen als richtig herausstellen, die Variablen und Begrifflichkeiten klar sind und die Regeln der deduktiven Logik befolgt werden, dann ist die sich daraus ergebende Schlussfolgerung konsequenterweise auch richtig. Als Architekten tendieren wir natürlich zur Annahme, dass das Entwerfen eines Gebäudes dem Bereich des Künstlerischen und Ästhetischen zuzuordnen ist, und insofern fühlen wir uns mit einer derart strengen Anwendung von Logik auf unsere Arbeit keineswegs wohl. Wenn wir jedoch sagen, dass die deduktive Logik eine These mit den Schlussfolgerungen verbindet, so bedeutet das für den Gebäudeentwurf nichts anderes, als dass eine allumfassende Idee die gesamte Erstellung eines Gebäudes bestimmt. Wenn wir etwas von einer Idee ableiten, so verhindert das also, dass einzelne Entscheidungen des Architekten situationsbedingt sind.

Der induktive Ansatz suggeriert, ein Gebäude wachse ohne zugrunde liegenden Plan; darüber hinaus gibt er vor, eine Vorgehensweise zu sein, die von niemandem kontrolliert wird. Bei dieser Arbeitsweise erfordert das Gebäude keine sinnstiftende Idee. Wenn man der Überzeugung ist, dass es möglich ist, ohne eine konkrete Absicht zu arbeiten, so muss man sich vorstellen, dass der Architekt vor einem weissen Blatt Papier sitzt und einfach zu zeichnen beginnt. Das Ergebnis könnte alles sein. Dieser Ansatz hat sich in sehr vielen Architekturschulen durchgesetzt, wo die Studenten dazu

angehalten werden, „einfach loszulegen". Oder Architekten beginnen den Entwurfsprozess, indem sie irgendwelche Modelle bauen. Ein solcher Ansatz stützt sich auf die Hoffnung, dass der Architekt seine Inspiration empfängt, während er skizziert, zeichnet oder Modelle baut. Ja, je versierter ein Architekt ist und je mehr Mittel er sich gestattet, desto ausgeklügelter werden seine Zeichnungen, Skizzen und Modelle sein. Doch selbst die Raffinesse eines noch so elaborierten Prozesses unter Einsatz aller Mittel vermag niemanden darüber hinwegzutäuschen, dass ein induktives Verfahren, das ohne Intention daherkommt, nur etwas Absichtsloses erzeugen kann. Es wird suggeriert, dass bei solch einem Ansatz die Regeln zur Formulierung einer architektonischen Ordnung induktiv „gefunden" werden, indem man noch spezifischere Rahmenbedingungen auslotet. Bei dieser Arbeitsweise täuscht dann auch die möglichst grosse Anzahl von Stichproben, die die Schlussfolgerungen rechtfertigen sollen, nicht über die Tatsache hinweg, dass aus einer Analyse allein keine sinnstiftende Absicht für ein Gebäude erwächst. Insofern ist die Prämisse falsch, dass man die Autorschaft hinter sich gelassen und ersetzt hat durch einen Prozess, der vermeintlich logischer ist, weil kein Individuum Entscheidungen trifft oder Urteile fällt.
Bekanntermassen kann so ziemlich alles irgendwie analysiert und daraus irgendeine Art von Ordnung abgeleitet werden. Doch die Existenz einer Ordnung allein ist noch wertlos. Und selbst wenn eine solche Ordnung in Gestalt eines Objekts als schön erscheint, wollen doch jene, die diesem Objekt begegnen, normalerweise irgendeinen Sinn daraus ziehen können, indem sie es zu etwas in Beziehung setzen, das ihnen

etwas bedeutet. Der Versuch, auf die Rationalität einer deduktiven Absicht zu verzichten und sich im Gegenzug induktiv auf eine Art *objet trouvé* zu verlassen, führt nicht zu einer sinnstiftenden Ordnung. Vielmehr ist das geradezu unsinnig. Und zwar deshalb, weil eine rein verinnerlichte – man könnte auch sagen: mechanistische – Komplexität ohne auf humanistische Vorstellungen gründende sinnstiftende Beziehung nicht als Legitimation für ein Gebäude dienen kann. Wie ein Apparat ohne Zweck werden solche Gebäude die Menschen nicht ansprechen. Die nicht-referenzielle Architektur ist frei von feststehenden Bildern, Symbolen, Bedeutungen und Referenzen, und eine solche Befreiung kann ungeachtet der Komplexität solcher Prozesse nicht das Resultat eines mechanischen Prozesses sein. Das Ordnungssystem eines Gebäudes sollte – um dies nochmals zu betonen – nicht-referenziell sein, nicht selbstreferenziell.

Trotzdem ist der induktive Ansatz nicht vollkommen unnütz im Hinblick auf den Gebäudeentwurf. Hat ein Architekt eine Gebäudeidee und darauf aufbauend eine Ordnung entwickelt, ist der induktive Ansatz im weiteren Verlauf des Entwurfsprozesses von Nutzen. Wir stellen uns vor, dass auch einige andere relevante, nicht zwingend kausale Entscheidungen für einen Neubau deduktiv getroffen werden, zum Beispiel hinsichtlich des Materials, in dem sich die Gebäudeidee manifestiert. Doch es gibt einen Zeitpunkt im Verlauf des Gebäudeprozesses, ab dem die induktive Annäherungsweise vernünftig und fruchtbar ist. Beispielsweise scheint es plausibel, wenn der Architekt in Anerkennung der Eigenschaften jener Materialien, die er gewählt hat, induktiv vorgeht. Ein mögliches Ergebnis der induktiven Arbeitsweise ist, dass die Materialeigenschaften korrigierend wirken und Sicherheit geben in Bezug auf mögliche strukturelle Konzepte. Der Gebäudeentwurf vollzieht sich also in einem zweigleisigen und scheinbar widersprüchlichen Prozess: Zum einen bestimmt die architektonische Idee die Realisierung des Gebäudes deduktiv und leitet damit den Architekten bei seinen Entscheidungen, während zum anderen das Material und die weiteren Parameter das Gebäude auf induktive Weise prägen und dadurch die Möglichkeiten, wie das Gebäude konstruiert und gebaut werden kann, begrenzen.

Das Wissen, die Disziplin und die mentale Beweglichkeit, jeweils umschalten zu können, wenn es darum geht, wann und wie deduktiv und wann und wie induktiv gearbeitet werden sollte, sind sehr wichtig und müssen von ideologischen Fragen, etwa jener nach der Präferenz für eine „Bottom-up-Logik", getrennt werden.

Die Realisierung eines Gebäudes ist, sofern wir uns auf die konstruktiven Gegebenheiten des Gebäudes konzentrieren, keine philosophische oder politische Handlung, sondern eine pragmatische; und zwar in dem Sinne, dass es der falsche Moment wäre, sich aus ideologischen Gründen an eine spezifische Arbeitsweise zu binden. Die Realisierung eines Gebäudes hat tatsächlich überhaupt nichts mit Ideologie zu tun. Die nicht-referenzielle Architektur profitiert von beidem, vom deduktiven wie vom induktiven Vorgehen. Wichtig im Kontext der Diskussion über Ordnung ist jedoch, dass die Ordnung zweifelsohne das Resultat einer Absicht ist – jener Absicht, in der sich artikuliert, wie der Architekt sich das Gebäude vorstellt. Und das ungeachtet der Tatsache, dass die nicht-referenzielle Welt, in der wir leben, höchst skeptisch ist in Bezug auf alles, das „top-down“ entschieden wird. Gerade die nicht-referenziellen Gegebenheiten machen eine Absicht des Architekten erforderlich. Eine Ordnung leitet sich von der Idee ab. Die Entscheidung für das jeweilige Ordnungssystem eines Gebäudes wird vom Architekten bewusst getroffen, weil die Ordnung eines Bauwerks die Verkörperung von etwas ist, das für die Menschen auf überzeugende Weise sinnstiftend ist.

Siebtes Prinzip: Sinnstiftung

Gebäude müssen Sinn stiften. Es ist sinnlos, wenn ein Gebäude nur eine konzeptionelle Ordnung verkörpert. Die Frage nach der Sinnstiftung eines Gebäudes ist unumgänglich.

Es mag zunächst überraschen, dass die Sinnstiftung als ein Prinzip der nicht-referenziellen Architektur angeführt wird. Das Nicht-Referenzielle und die Sinnstiftung werden gemeinhin nicht als zwei Dinge erachtet, die etwas gemeinsam haben. Doch das ist falsch. Nicht-referenzielle Architektur muss Sinn stiften.

Die zeitgenössische Architektur tendiert dazu, die sinnstiftenden Fähigkeiten der Architektur zu vernachlässigen. Es wird behauptet, dass es in einer Welt, in der es keine Übereinkunft mehr gibt über die Gültigkeit von Referenzen, nicht mehr möglich sei, Sinn zu stiften. Die Mehrzahl der im Architekturbereich Tätigen – die in der Regel noch nicht akzeptiert haben, dass wir in einer nicht-referenziellen Welt leben – folgen weiterhin dem Ansatz, dass Sinnerzeugung bei Gebäuden nur durch ausserarchitektonische Einflüsse möglich sei. Und jene, die die nicht-referenzielle Welt als Realität akzeptiert haben, verzichten gänzlich darauf, sinnfällige Gebäude zu projektieren.

Aus dieser Situation ist jüngst ein Ansatz erwachsen, der die „Wahrheit" eines Gebäudes allein auf eine verinnerlichte und hermetische Kohärenz reduziert. Sehr häufig resultiert diese verinnerlichte, äusserst stringente Kohärenz aus verschiedenen ausgewählten Parametern, für die sich ein Architekt entscheidet. Die besten Gebäude dieser Art sind schön und scharfsinnig geplant, sie sind der sichtbare Ausdruck höchster

Kunstfertigkeit. Doch auch das Streben nach der konsequentesten Konzeptualisierung von Parametern und daraus folgender induktiv erzeugter Ordnungssysteme kann nicht darüber hinwegtäuschen, dass es diesen Gebäuden an etwas mangelt, was essenziell ist: an etwas Sinnstiftendem, das für das Leben der Menschen, ihre Träume und Wünsche, greifbar ist. Ein Gebäude kann noch so genial ausgearbeitet und technisch anspruchsvoll sein, es wird letztlich doch aufgrund seiner sinnstiftenden Fähigkeiten bestechen, weil sie es den Menschen ermöglichen, das Gefühl einer metaphysischen Obdachlosigkeit, das sie in der heutigen desorientierten nicht-referenziellen Welt häufig heimsucht, kreativ zu überwinden. Das ist der Grund, warum es nicht ausreicht, einfach eine Ordnung zu etablieren. Die Ordnung an sich generiert noch keinen Sinn.

Für jene, die das Sinnstiften scheuen, ist der induktive Ansatz, der in „absichtslosen" und „gefundenen" Ordnungssystemen resultiert, ein Allheilmittel. Derartige Ordnungssysteme erfüllen Gebäude mit Kohärenz. Die Befürworter dieses Ansatzes argumentieren, dass die Kohärenz heutzutage der Sinn verleihende Faktor in der Architektur dieser nicht-referenziellen Welt ist. Das wird den Möglichkeiten der Architektur jedoch nicht gerecht. Die Entscheidung, nur konzeptuell (wir haben bisher in diesem Text zumeist von induktiv statt von konzeptuell gesprochen) auf eine Ordnung hinzuarbeiten, ist noch kein Garant dafür, dass das Resultat sinnstiftend ist – selbst wenn die Ordnung kohärent ist. Tatsächlich ist die Ordnung eher ein Mittel zum Zweck. Zur Verdeutlichung: Während ein Konsens darüber besteht, dass 1+1 = 2 ist, generiert diese Addition jenseits der mathematischen Logik keinen Sinn. Erst wenn wir diesen Zahlen einen humanistischen Wert zuordnen, erlangen sie eine Bedeutung für unser Leben. Eine rein architektonische Ordnung kann in sich schlüssig sein, aber sie regt zu nichts an: Sie ist nachvollziehbar, jedoch nicht sinnstiftend. Lediglich von der Architektur berührt zu sein, reicht nicht aus; die architektonische Ordnung muss etwas Konkretes im Leben eines Menschen erwecken.

Architektur ist mehr als ein Gegenstand logischer Ordnung. Vielmehr bewegt sich die Wirkung von Gebäuden im Bereich des Ästhetischen. Beruht etwa die Ordnung eines Gebäudes auf einem kreisrunden Grundriss mit einem gewölbten Dach, so wird dieses Gebäude nur dann als ausserordentlich wahrgenommen werden, wenn diese Ordnung die Transzendenz einer humanistischen Idee ist.

Natürlich sind geometrische und mathematische Paradigmen Resultate dieser humanistischen Ideen, und Zahlen sind von grosser Bedeutung. In diesem speziellen Fall stiftet die Kuppel nicht nur Sinn, weil sie die Idee des Himmels verkörpert; diese Kuppel wurde intellektuell auch durch den Gedanken ermöglicht, dass der Ziffer 0 damals neu ein Wert, neue Möglichkeiten und eine neue Begrenzung zugesprochen wurden – also Eigenschaften, die in der Kultur des antiken Griechenlands noch als unvorstellbar galten. Eine induktive, also absichtslose Herangehensweise an das Thema Bauen mit Stein und Statik hätte sicherlich niemals eine Kuppel hervorgebracht; und falls doch, so hätte sie den Menschen, die mit ihr konfrontiert wurden, nicht als sinnstiftender Rahmen gedient. Die Zahl 0 war der intellektuelle Ausdruck

einer formgenerativen und sinnstiftenden Idee, die vor 2000 Jahren aufkam und zur Erfindung der Kuppel führte. Wir sind uns darüber hinaus sicher, dass die Kuppel bereits vor dem mathematischen Paradigmenwechsel existierte, da der Ausdruck von Raumerfindungen üblicherweise deren intellektueller Quantifizierung vorausgeht. Wenn heute jemand sagt, dass 1+1 = 2 ist, jemand festlegt, dass ein Gebäude acht Säulen hat, oder entscheidet, dass ein Gebäude quadratisch zu sein beziehungsweise mit drei Wänden auszukommen hat, so können diese Ordnungssysteme nicht für sich allein stehen – sie müssen auch auf irgendeine Weise Sinn stiften. Die Tendenz geht zu einer Reduzierung der Ordnung auf reine Kohärenz; stiftet ein Gebäude jedoch keinen Sinn, so ist es rein rhetorischer Natur. Gebäude können nicht allein auf einem klugen Ordnungssystem beruhen und lediglich als Gefäss für eine Art von rhetorischer Wahrheit dienen, die selbstreferenziell und kurzsichtig ist. Die Gebäudelogik – in anderen Worten die Suche nach einer Wahrheit – muss stets eine wirkliche Suche nach der Wahrheit sein.
Zwar hat die Entzauberung in Bezug auf Weltkonzepte und Ideologien zu unserer nicht-referenziellen Welt und ihrer charakteristischen Abwendung von Autoritäten geführt, doch ist diese Welt deshalb noch längst nicht vollkommen unmagisch. Die Suche nach den Rätseln des Lebens und der Welt ist heute nicht weniger ein Enigma als je zuvor. Nur weil wir nicht mehr bereit sind, an die eine oder andere Ideologie zu glauben, bedeutet das nicht, dass die architektonische Ordnung nicht stets Teil des Lebens ist. Architektur hat die Aufgabe, das Leben in eine räumliche Ordnung

zu übersetzen. Kurzum: Architektur destilliert die Idee eines Lebens heraus und sublimiert sie auf die eine oder andere Weise. Ein Gebäude ist nicht die mechanische Umsetzung einer abstrakten Ordnung, sondern deren sinnstiftende Ausformulierung. Das Ziel dieser Sinnstiftung ist die Erweiterung der Möglichkeiten. Durch ein Gebäude nehmen wir das Leben physisch als eine Gestaltung und Erfahrung von Raum wahr – und auf diese Weise rückversichern wir uns des Lebens an sich. Ist ein Gebäude dann tatsächlich realisiert, so stiftet es durch die Empathie und kreative Interpretation des Betrachters auf schöpferische Weise Sinn.

Ein Gebäude muss – und diese Sicht ist vollkommen neu und weicht von jener der Vergangenheit ab – in erster Linie für jene Person einen Sinn generieren, welche es nutzt. Die Sinnstiftung ist also sehr speziell, da es schliesslich ein Individuum ist, das einen bestimmten sinnstiftenden Raum physisch erfährt. Hinzu kommt, dass Sinnstiftung bei jedem Gebäude etwas anderes bedeutet. Vor allem diese Tatsache, dass die Sinnstiftung bei jedem Gebäude anders ausfällt – aber nichtsdestoweniger ein Prinzip ist –, ist relevant.

In unserer polyvalenten, nicht-referenziellen Welt sind wir es nicht mehr gewohnt, uns auf Prinzipien einzulassen. Vielmehr erachten wir Prinzipien tendenziell als Widerspruch in sich. Dem ist jedoch nicht so, wenn wir das Prinzip der Sinnstiftung nicht als eine Sache von ideologisch rückgebundenen semantischen Bildern und Symbolen verstehen. Wenn wir unsere Welt formal betrachten anstatt wie bislang historisch, so werden wir erkennen, dass Sinnstiftung die Welt grundlegend erfasst. Sinnstiftung ist nicht gekoppelt an den einen oder anderen theoretischen Ansatz oder eine Ideologie. Sinnstiftung, in ihrer fundamentalen Art und Weise, ist in erster Linie die konkrete Erscheinung der sinnlichen Erkenntnis. Sie könnte auch als „grosse Vernunft“ bezeichnet werden, eine Vernunft, die formal und nicht historisch ist. Gebäude müssen sinnstiftend sein, damit die Menschen ihr Leben auf die grundlegendste Art und Weise ordnen können. Eine solche Aktivität ist kreativ und avanciert zur Funktion einer Logik, die vor jeder Konzeptualisierung und jeder Ideologie steht.

Die Sinnstiftung ist ein Prinzip jener Architektur, die sich mit der Frage nach dem Warum auseinandersetzt. Die Frage, warum etwas eine gute Idee ist, muss vom Architekten beantwortet werden. Raumerfahrung, Ganzheit, Neuheit, Konstruktion, Widerspruch und Ordnung basieren auf der Frage nach dem Wie. Sinnstiftung basiert auf der Frage nach dem Warum. Während die Prinzipien, die in diesem Text dargelegt wurden, keinesfalls teleologisch verstanden werden sollten – in dem Sinne, dass ein Prinzip auf dem anderen aufbaut –, fügen sich Ordnung, Raum, Material, Konstruktion und Komposition doch der Massgabe der Sinnstiftung. Sinnstiftung ist wie der Kitt, der alle Elemente, die für ein Gebäude von Bedeutung sind, zusammenhält.

Ohne ein konkretes Gebäude vor Augen ist die Frage, was bei einem Gebäude tatsächlich den Sinn stiftet, schwer zu beantworten. Man kann jedoch mit Sicherheit sagen, dass nicht jede Überlegung, auf die ein Architekt verfällt, sinnstiftend ist. Unterbreitet ein Architekt einen Vorschlag, so muss geklärt werden, inwiefern dieser Sinn stiftet. Entwirft etwa ein Architekt ein Gebäude in der Form eines Würfels, so muss geklärt werden, ob es dafür einen sinnstiftenden Grund gibt. Das klingt zunächst lapidar, auf den zweiten Blick wird jedoch deutlich, dass es gar nicht so einfach ist, etwas Sinnstiftendes zu entwerfen, weil es nicht möglich sein wird, Menschen kreativ anzuregen, wenn keine Aspekte von Neuheit vorhanden sind. Das trifft vor allem heute zu, da die Architekten nicht mehr auf eine vorgefasste semantische Architektursprache bauen können. Zeitgenössische Architekten müssen den Sinn insofern „aus dem Blauen" heraus erschaffen, als keine gebrauchsfertigen Formulierungen mehr greifbar sind. In anderen Worten: Der Architekt muss sinnstiftende architektonische Formulierungen erfinden.

Heutzutage finden sich Architekten auf der Suche nach „Wahrheitsargumenten" wieder, und dies zudem in einer Welt, die nicht an Wahrheiten glaubt. Dieses Dilemma, in einer solchen Welt sinnstiftende Räume kreieren zu müssen, macht es erforderlich, dass sich der Architekt der vorherrschenden geistigen Strömungen bewusst ist, damit seine Gebäude keinem rhetorischen Formalismus anheimfallen. Es wäre zu hoch gegriffen zu fordern, der Architekt müsse etwas Philosophisches zu sagen haben, aber eine These ist unabdingbar, die eine den Geist einer Person kreativ anregende Erkenntnis in sich birgt. In unserer Zeit ist Wahrheit eine schwer zu erzielende Qualität. Und so unbefriedigend es auch sein mag sowohl für jene, die an die Wahrheit in einem religiösen Sinne glauben, als auch für die, die keinerlei Wahrheit als solche akzeptieren, so gibt es zwischen diesen beiden Extremen doch einen Bereich, in dem die meisten Menschen eine „Wahrheit“ finden, die für ihr Leben wichtig und brauchbar ist. Heutzutage müssen wir uns vielleicht mit dem zufriedengeben, was „so wahr wie möglich“ ist, anstatt an eine absolute Wahrheit zu glauben, die übrigens auch immer schon nur im Bereich des Glaubens existierte, spricht doch etwa die Philosophie „nur“ von Weisheit. Das Diktum „so wahr wie möglich“ ist wesentlich erstrebenswerter als besagte „rhetorische Wahrheit“. Gebäude der nicht-referenziellen Architektur profitieren von derartigen „Wahrheitsargumenten“.

Sinnstiftung im Sinne eines „so wahr wie möglich“ erfordert einen Moment der Erkenntnis. Wenn wir akzeptieren, dass wir etwas verstehen möchten, so folgt daraus, dass wir das, worauf wir uns beziehen, auch als wahr akzeptieren müssen. Ja, die Wahrheit ist in einer Welt, die scheinbar keine gemeinsamen Ideale mehr hat, eine heimtückische Sache. Doch gerade weil sich die nicht-referenzielle Architektur nicht auf fixe Gebäudekonzepte berufen kann, ist eine Art „Wahrheitsargument“ vonnöten, ähnlich wie bei einer philosophischen Abhandlung. Unter „Wahrheitsargument“ wird die Suche nach einer Wahrheit verstanden, nach einer These, wenn man so will – so flüchtig diese Wahrheit in unserer Zeit auch sein mag. Die Notwendigkeit eines „Wahrheitsarguments“ erklärt sich damit, dass im Bereich dieses „Wahrheitsarguments“ das Sinnstiftende ins Spiel kommt. „Rhetorische Wahrheit“ wird gemeinhin nicht anerkannt. Mit „rhetorischer Wahrheit“ ist ein Argument gemeint, das in sich zwar logisch, dabei aber selbstreferenziell ist. Eine solche „rhetorische Wahrheit“ wird dem, was die Menschen für ihr Leben als wichtig erachten,

nicht gerecht. Und da wir die Wahrheit nicht länger im Kontext eines religiösen Glaubens erblicken, kommt dem „Wahrheitsargument“ eine reale und aktuelle Bedeutung zu.
Zweifelsohne bezieht ein Gebäude seine grundlegende Daseinsberechtigung aus seinen sinnstiftenden Fähigkeiten. In anderen Worten: Ein Gebäude erhält seine Legitimität aus dem Diskurs über seine Sinnstiftung. Um Missverständnissen vorzubeugen, muss das Folgende jedoch unmittelbar ergänzt werden: Sinnstiftung hat nichts zu tun mit Fragen der Moral. Es gibt keine moralischen oder unmoralischen Gebäude, es gibt nur Gebäude, die Sinn stiften oder eben nicht. Sinnstiftung hat nichts mit Gut oder Böse zu tun, vielmehr ist es eine Frage nach dem Richtigen oder Falschen.

Autorschaft

Autorschaft bringt sinnstiftende Gebäude hervor. Insofern ist sie auch eine Reaktion auf die Unfähigkeit, in einer nicht-referenziellen Welt sinnstiftende Gebäude zu projektieren. Der Architekt agiert als Autor – als „Autor-Architekt" –, der fähig ist, derartige Gebäude in unserer nicht-referenziellen Welt zu entwerfen. Es ist höchst unwahrscheinlich, dass ein Team etwas Sinnstiftendes erschaffen kann, wenn nicht einem Architekten im Team die Autorschaft zugestanden wird. Der Entwurf einer ideellen Architektur, die Räume umfasst, die erfahren werden können, ist ein spiritueller, spekulativer und synthetisch-kreativer Akt. Ein solches Arbeiten bewegt sich im künstlerisch-philosophischen und nicht im organisatorischen Bereich. Ein Team ohne Autor arbeitet selbstnivellierend und nicht metaphysisch. Unsere nicht-referenzielle Welt entbehrt jedoch jeglicher Basis und jeglichen Kanons, auf welche sinnstiftend aufgebaut werden könnte, da sie zielgerichtet danach strebt, an nichts mehr zu glauben. In diesem Sinne kann ein Team, bestehend aus unterschiedlichsten Menschen, im besten Fall Fehler vermeiden und etwas auf technische und organisatorisch-wissenschaftliche Weise erschaffen, aber es wird ihm nicht gelingen, etwas Sinnstiftendes zu erzeugen. Doch die nicht-referenzielle Gesellschaft verlangt eine Architektur, die aus sich selbst heraus Sinn stiftet und nicht erklärender Natur ist. Um Sinn zu stiften, bedarf es zwingend des Metaphysischen, das sowohl beim Schöpfer als auch beim Bewohner der Architektur Spekulationen auslöst – um dann den Bewohner selbst zur Kreativität zu stimulieren.

Es ist symptomatisch, dass die zu jeder Zeit am meisten bewunderten Architekten Einzelpersonen waren, keine Teams. Der Irrglaube, dass eine Gruppe mittelmässig begabter Personen gut sein könne, wenn im Team gearbeitet wird, ist das Resultat einer postmodernen Ethik. Dieser Irrglaube ist in gewisser Weise ideologiegesteuert und in jüngster Zeit zur „Halbwahrheit" geworden. Die Zerstörung der Legitimation der Autorschaft eines autonomen Architekten ist ein vergleichbarer ideologischer Akt. Das umfassende Verlangen, alles auf eine Linie zu bringen, gleichzumachen und zu homogenisieren, hat nicht nur das Firmament über unseren Köpfen eliminiert und das Magische offenbar erfolgreich zurückgedrängt, es bemüht sich auch um das Auslöschen der Fähigkeit, auf eine ursprüngliche, physische Weise zu empfinden und sich einzufühlen. Wäre dieses Streben von Erfolg gekrönt, so bedeutete dies das Ende jener Errungenschaft, die das Herzstück der ästhetischen Sphäre ist. Es liegt jedoch in der Natur der Dinge, dass die Autorschaft obsiegt.
Unter den gegebenen Umständen ist der „Autor-Architekt" wichtig. Die Legitimation von Autorschaft ist letztlich zeitlos. Und zwar deshalb, weil die Menschheit die individuelle Suche nach etwas, das Sinn stiftet, gutheisst. Es ist eine Tatsache, dass es seit Menschengedenken immer schon jene gibt, die nach der „Wahrheit" suchen. Der „Autor-Architekt" zählt zu ihnen. Trotz der Verwissenschaftlichung unseres Lebens hat sich die Faszination für die „Wahrheit" nicht verflüchtigt. Die Kreativität, die eine solche Sinnstiftung hervorbringt – und Sinn darf hier nicht mit Zweck verwechselt werden –, kann in der Architektur

nur von einem Autor ausgehen, weil der Sinn in seiner höchsten, endgültigen Form nicht ermessen werden kann.

Im üblichen Sprachgebrauch versteht man unter einem Autor den Verfasser eines Buches. Breiter gefasst ist ein Autor jedoch ein Urheber, eine Person, die etwas Neues erschafft. Der Autor übernimmt die Verantwortung für das, was er erschafft, und dabei liegt die Betonung auf seiner Autonomie. Eine Person, die autonom ist, handelt unabhängig. Das Modell des „Autor-Architekten" versteht diesen als Mentor und Vordenker eines Teams. Er ist ein kreativer Kopf mit den intellektuellen und künstlerischen Fähigkeiten, in der nicht-referenziellen Welt zu bauen.

Der „Autor-Architekt" ist kein neues Konstrukt. Bezeichnenderweise sind es gerade die „Autor-Architekten", denen im Verlauf der Geschichte die meiste Bewunderung entgegengebracht wurde. Entgegen dem jüngsten Tenor, der individuelle Architekt sei ein Rollenbild aus vergangener Zeit und verlöre an Bedeutung, sind auch heute noch all jene Architekten, die kreativ arbeiten, „Autor-Architekten".

Der gegenwärtige Bedarf an „Autor-Architekten" hat sich erst jüngst noch deutlich erhöht. Bis zum Ende der Ära der Postmoderne vor etwa zwanzig Jahren war das Konzept der Autorschaft noch weitgehend in die Disziplin der Architektur eingebunden: Es half, die Architektur in den ideellen Grenzen einer gegebenen Epoche zu halten. Der Architekt war bis zum Ende der Postmoderne dezidiert in das mehr oder weniger festgelegte gesellschaftliche, philosophische und professionelle Bestreben der jeweiligen Gesellschaft und ihrer Kultur integriert. Seine Aufgabe bestand darin, im Dienste dieser gemeinsamen gesellschaftlichen Werte zu bauen. Das bedeutet nicht, dass früher selbst die besten Architekten Dienstleister waren, sondern nur, dass selbst die gefeiertsten und provokativsten Architekten in den Genuss kamen, unter der Voraussetzung der relativen Stabilität mehr oder weniger festgelegter gesellschaftlicher Werte zu operieren. Die Situation, dass sich die Architekten auf übergeordnete gesellschaftliche Strömungen beziehen konnten, war komfortabel. Lapidar gesagt: Die Architekten wussten eindeutiger, was zu tun ist. Die herausragende Aufgabe des Architekten war es, schöne und sinnbildende Gebäude zu entwerfen, in welchen sich die eine oder andere Weltanschauung manifestierte. Diese Aufgabe veränderte sich mit dem Wandel hin zu einer nicht-referenziellen Welt. Heutzutage muss der Architekt sinnstiftende Gebäude entwerfen, ohne auf die Referenzen irgendeiner Art von Weltanschauung zurückzugreifen können. Um es nochmals zu verdeutlichen: „Autor-Architekten" sind nicht nur wünschenswert, sie sind auch unverzichtbar – ohne das Schaffen von „Autor-Architekten" würden unsere menschliche Suche und unsere Bemühungen nicht weiter wachsen, und wir wären nicht fähig, die Möglichkeiten der Menschen zu erweitern.

Der Unterschied heutzutage ist, dass dem Architekten kein ideeller Apparat mehr zur Verfügung steht, der festlegt, was ein Gebäude verkörpern soll. Heute gibt es wirklich rein gar nichts mehr, was dazu geeignet wäre, im Sinne einer symbolischen Form verkörpert zu werden. Ja, die Architekten geben seit jeher der Gesellschaft in gewisser Weise eine Form. Es ist jedoch sehr schwer, wenn nicht sogar unmöglich, einer

Gesellschaft, die ihre eigene Form nicht kennt, eine solche zu geben. Man könnte also sagen, dass die Aufgabe der Architekten heutzutage ist, Erwartungen zu verändern und unserem Leben immer wieder einen neuen Rahmen zu verleihen. Angesichts dieses gesellschaftlichen Wandels hin zum Nicht-Referenziellen muss der Architekt zwangsläufig zum Autor im Hinblick auf die grundlegendsten menschlichen Bestrebungen avancieren. Anstatt etwas in einer mehr oder weniger symbolischen Art und Weise umzusetzen, muss der „Autor-Architekt" den massgeblichen Rahmen schaffen, innerhalb dessen sich die Gedanken der Menschen entfalten können.

Eines tun „Autor-Architekten" nicht: Sie erschaffen keine Werte, indem sie anderen Werte auf grössenwahnsinnige Art und Weise aufzwingen. Das ist ihnen nicht möglich, weil der heutige „Autor-Architekt" auch keine allgemeinen Werte kennt, die sich in allen oder einem Grossteil der Gebäude manifestieren könnten. Und auch Folgendes trifft nicht zu auf den „Autor-Architekten": Gemeinhin herrscht das Missverständnis vor, dass der „Autor-Architekt" in erster Linie nach seiner eigenen Selbstverwirklichung strebe und die Befriedigung seines Egos für ihn im Vordergrund stünde. Der „Autor-Architekt" strebt aber nicht nach einer Monumentalisierung seiner selbst. So gesehen, ist der „Autor-Architekt" stets eine Person des öffentlichen Lebens, und somit ist sein Werk auch stets öffentlich und nie privat. Der „Autor-Architekt" erforscht sich nicht selbst. Er zeichnet sich nicht dadurch aus, dass er sich um sich selbst dreht und sich auf gewissermassen asoziale Weise in sich zurückzieht. Vielmehr trägt der „Autor-Architekt" letztlich Verantwortung für die Gesellschaft, weil er sich der Suche nach den gesellschaftlichen Grenzen verschrieben hat. Entgegen dem Missverständnis, dass der „Autor-Architekt" isoliert arbeite, ist er ein Spürhund, der herauszufinden versucht, wie die Welt ist. Er besitzt ein ausgeprägtes Verständnis für die Welt, und zwar, um in der Lage zu sein, Probleme dieser Grössenordnung durchdenken und reflektieren zu können. Der Architekt hat einen Riecher für und Zugang zu den gesellschaftlichen Strömungen, die die Welt zu einer bestimmten Zeit bewegen.

Der „Autor-Architekt" bietet Gebäude auf, die etwas Neues – der heute gängigen Terminologie folgend, könnten wir es auch als „kulturellen Mehrwert" bezeichnen – ins Spiel bringen, das die Menschen zum Nachdenken anregt und auf diese Weise die Gesellschaft in Bewegung versetzt. Das ist die Aufgabe! Alles andere – Funktionalität, Konstruktion, ökonomische und ökologische Belange – sind selbstverständlich und das tägliche Brot des Architekten in Bezug auf den Entwurf und die Konstruktion von Gebäuden. Derlei Dinge erfordern letztlich Handwerk, Geschick, Fertigkeiten, Organisation und den Einsatz technischer Mittel.

Beispielsweise berührt die ganze gegenwärtige Diskussion zum Thema Nachhaltigkeit ein technisches Problem, vielleicht ist es sogar ein politisches Programm, aber sicherlich keine Suche nach etwas, das Sinn stiftet – und insofern ist es auch nicht von Interesse als entscheidende Gebäudeidee. Um jeglichen Missverständnissen vorzubeugen: Das soll nicht heissen, dass es nicht wichtig wäre, Gebäude gemäss dem höchsten technischen und konstruktiven Standard

zu errichten, damit sie im Einklang mit unserer Umwelt stehen. Aber es muss klar sein, dass dies ein technisches Problem ist.
Bedenklich ist, dass jene, die sich beim Entwurf eines Gebäudes nahezu vollständig nur dem einen oder anderen technischen Problem widmen, dazu neigen, diese herausgegriffenen Belange zu einer moralischen Bewährungsprobe zu erheben. Im Gegenzug schafft es eine solche herausgepickte Sache manchmal sogar in die Sphäre des Politischen und wird dort zu einer noch grösseren Bewährungsprobe. Ein solcher Ansatz hat jedoch für die Architektur keine Konsequenzen und entfaltet für sie keine Allgemeingültigkeit. Es kann davon ausgegangen werden, dass die Menschen immer unterschiedliche moralische Überzeugungen haben werden, die von der jeweiligen Zeit, dem Ort und der Geschichte abhängig sind. Gebäude dürfen nicht in erster Linie von solchen vergänglichen Grundlagen abhängen. Damit haben wir eines der entscheidenden Charakteristika eines „Autor-Architekten" benannt: Er zielt darauf ab, etwas Ausdruck zu verleihen, das erstens *wirklich* ist, zweitens *allgemeingültig* und drittens so nah an der *Wahrheit* – „wahr" verstanden als „folgerichtig" – wie möglich. Das Thema Wahrheit hat jedoch, um beim obigen Beispiel zu bleiben, weder etwas mit dem Gegensatz von „ökonomisch" und „unökonomisch" noch mit jenem von „ökologisch" und „unökologisch" zu tun. Die Suche nach einem kulturellen Mehrwert bewegt sich vielmehr im Bereich der Sinnstiftung.
Die Betonung der Sinnstiftung anstelle technischer und organisatorischer Belange zielt auch auf die Frage ab, weshalb im Laufe der Geschichte bedeutende

Gebäude stets der Hand- und Geistesarbeit einzelner autonomer Architekten entsprungen sind. Gebäude können grundlegende Raumerfahrungen befördern, und zwar auf spirituelle, spekulative und synthetisch-kreative Art und Weise – aber nur die Vorstellungskraft eines singulären Geistes kann Räume erzeugen, die solche Erfahrungen ermöglichen. Einem Team gelingt es andererseits nicht wirklich, eine solche Wirkung zu erzeugen. Ein Team aus unterschiedlichen Menschen mit diversen Kompetenzen ist gut aufgestellt und fähig, Fehler zu erkennen und zu vermeiden. Zudem kann es technische und wissenschaftliche Lösungen finden und ist ausserordentlich gut organisiert, vor allem bei gross angelegten Bauaufgaben. Doch Sinn wird nicht im Geiste vieler, sondern in nur *einem* Bewusstsein geschaffen. Der Terminus „kollektiver Verstand", der oftmals mit dem Team verbunden wird, wurzelt in einem Missverständnis. Es gibt keinen „kollektiven Verstand". Ein solcher existiert nicht. Der Verstand ist immer an einen individuellen Menschen gebunden. Manchmal arbeitet eine Vielzahl an Menschen zusammen, doch das Resultat dieser Teamarbeit ist letztlich nicht die Summe all ihrer Gedanken, sondern nur das, was sich der beste Kopf unter ihnen vorzustellen vermag. In anderen Worten: In der Domäne des Kreativ-Ästhetischen können einzelne Geistesprodukte nicht einfach addiert werden.

Klar ist: Der „Autor-Architekt" arbeitet nicht allein. Ein Gebäude ist so oder so fast immer das Werk eines Teams. Das Team trägt bei zu den technischen Lösungen, erkennt Fehler und unterstützt organisatorisch beim Entwurf, der Konstruktion und Errichtung eines Gebäudes. Doch kein Team kann den „Autor-Architekten", den Mastermind, ersetzen. Der „Autor-Architekt" trifft auch die Entscheidungen und trägt die Verantwortung. Und vor allem vermag er die Gebäudeidee zu ersinnen und verfügt über einen besonderen Riecher, wenn es darum geht, über richtig und falsch zu befinden.

In viel zu vielen Architekturbereichen herrscht der Irrtum vor, dass der „Autor-Architekt" ein überholtes, veraltetes Modell in der Architekturpraxis sei. Es ist Ausdruck von Ignoranz, die Architekten glauben zu machen, dass „Autor-Architekten" eine verwerfliche und tadelnswerte Spezies seien. Derartige Bekundungen sind auf gesellschaftliche und politische Begründungen und Ideale zurückzuführen, die gemeinhin wenig mit ästhetischen Urteilen und der Fähigkeit, Gebäude zu entwerfen, zu tun haben.

Nur weil der Anteil jener zunimmt, die ihr Handwerk weniger gut beherrschen, bedeutet das keinesfalls, dass sich der „Autor-Architekt" erledigt hat. Im Gegenteil: „Autor-Architekten" sind wichtiger als je zuvor. Die Architekten verlieren vielmehr insgesamt an Bedeutung, weil es immer weniger „Autor-Architekten" gibt. Es gibt weniger von ihnen, weil weniger Architekten „Autor-Architekten" sein können oder wollen. In erster Linie liegt das nicht daran, dass die Architekten insgesamt weniger talentiert als früher wären, sondern daran, dass sie aufgrund des gesellschaftlichen Drucks keine „Autor-Architekten" mehr sein wollen. Es bedarf einiges an Ausdauer und Überzeugung, sich dem Argwohn zu stellen, wenn man als einzelner Architekt die totale Autorität beim Bau eines Gebäudes beanspruchen möchte. Der zweite Grund für den Rückgang an „Autor-Architekten" ist, dass

Marketingagenturen, Bauherren und Stadtverwaltungen jene Rolle des Regisseurs übernommen haben, die eigentlich den Kern der Arbeit des Architekten ausmacht. Zunehmend wird der Architekt vorrangig als Dienstleister verstanden, ähnlich wie die anderen am Bau beteiligten Parteien. Das Resultat ist dann eher eine Gebäudefertigung und nicht eine Gebäudeerfindung.
Es ist keine Übertreibung, wenn wir sagen, dass es ohne „Autor-Architekten" keine sinnstiftenden Gebäude gibt. Ohne den Einsatz der „Autor-Architekten" wären Gebäude nichts als blosse Räumlichkeiten. Einem Gebäude kommt aber nur dann ein kultureller und gesellschaftlicher Wert zu, wenn es auch eine spekulative Dimension besitzt – ihm also eine sinnstiftende Idee, Intention oder These zugrunde liegt. Ohne Architekten, die sinnstiftende Gebäude entwerfen und projektieren, hätten wir es nur mit reinen Nutzgebäuden zu tun. Die kulturelle und gesellschaftliche Vollendung eines Gebäudes verdankt sich jedoch der Hand eines Architekten, der es um den Bereich des Intellektuellen, Spirituellen, Spekulativen und Synthetisch-Kreativen anreichert. Dies gelingt ihm vermittels künstlerischer und wissenschaftlicher Innovation. Den Architekten kommt von jeher eine Aufgabe zu, die sie nicht an andere abtreten können. Und zwar deshalb, weil niemand anderes diese Aufgabe zu erfüllen vermag. Es liegt in der Natur der Dinge, dass der Architekt Gebäude entwirft, die nicht nur den Anforderungen der Nutzung, sondern auch jenen der Ästhetik Genüge leisten. Als Vitruv schrieb, dass es die Aufgabe der Architektur sei, Schutz zu bieten, meinte er damit nicht nur das zweckdienliche Dach über dem Kopf.

Vielmehr überfängt das Dach eines Gebäudes – auch wenn es ein grosses Loch hat, oder gerade weil es ein grosses Loch hat – die Menschen auf metaphysische Weise nach Art eines Himmelszelts. Derartige Gebäude erzeugen einen Widerhall in der Seele und im Bewusstsein der Menschen.

Valerio Olgiati, Markus Breitschmid
Nicht-Referenzielle Architektur

Buchgestaltung: Valerio Olgiati
Grafikdesign: Bruno Margreth
Schrift: RH Inter Pro Regular
Übersetzung: Miriam Seifert-Waibel
Lektorat und Korrektorat: Holger Steinemann,
Karin Prätorius
Druck: Gulde Druck Tübingen
Papier: Munken Print White 1.5 100 gsm
Bindung: Buchbinderei Spinner Ottersweier

Park Books
Niederdorfstrasse 54
8001 Zürich
Schweiz
www.park-books.com

Park Books wird vom Bundesamt für Kultur mit einem Strukturbeitrag für die Jahre 2021–2024 unterstützt.

ISBN 978-3-03860-141-8